产业研究案例

随州专用汽车产业"十二五"发展规划

郑建启　胡飞　郑杨硕　黄雪飞　著

江苏凤凰美术出版社

图书在版编目（CIP）数据

产业研究案例：随州专用汽车产业"十二五"发展
规划 / 郑建启等著 . -- 南京：江苏凤凰美术出版社，
2022.9

（当代中国工业设计研究实践丛书）

ISBN 978-7-5741-0230-9

Ⅰ . ①产… Ⅱ . ①郑… Ⅲ . ①汽车工业—产业发展—
经济规划—随州— 2011-2015 Ⅳ . ① F426.471

中国版本图书馆 CIP 数据核字（2022）第 157868 号

策 划	方立松	
责任编辑	王左佐	
封面设计	武 迪	
责任校对	孙剑博	
责任监印	唐 虎	

书 名	产业研究案例：随州专用汽车产业"十二五"发展规划
著 者	郑建启 胡 飞 郑杨硕 黄雪飞
出版发行	江苏凤凰美术出版社（南京市湖南路1号 邮编：210009）
制 版	南京新华丰制版有限公司
印 刷	南京互腾纸制品有限公司
开 本	718mm×1000mm 1/16
印 张	13.75
版 次	2022年9月第1版 2022年9月第1次印刷
标准书号	ISBN 978-7-5741-0230-9
定 价	98.00元

营销部电话 025-68155675 营销部地址 南京市湖南路1号
江苏凤凰美术出版社图书凡印装错误可向承印厂调换

前　言

本书侧重产业研究，以随州专用汽车产业"十二五"发展规划为例，对随州专用汽车产业链现状以及价值提升策略进行了分析，并对随州专用汽车发展之路进行了规划。主要路径为：走"全产业链"之路，走"产业集群"之路，力图实现从"随州制造"到"随州创造"的转型，并对实现"随州创造"这一战略目标进行了指导思想、基本原则、规划目标、执行指标、发展战略、产业发展重点等的系统规划；形成了调整优化产业结构、加大政策扶持力度、健全产业服务体系、提升企业核心竞争力、提升专汽文化软实力五项保障措施。其中"5432"专用汽车产业服务体系，从软件和硬件两个方面，将设计、技术研发、采购、关键零部件生产、制造、装配、物流、销售、售后服务九个方面串联起来，构建出一个完整的随州专用汽车产业链；科学地构建了随州专用汽车服务体系，最终制定了随州专用汽车产业发展策略，合理规划了随州专用汽车持续发展远景。经过"十二五"期间的一系列专用汽车发展策略和行业内的共同努力，到"十二五"期末，各项指标已基本实现并取得了一系列可观的成绩，证明本规划对随州专用汽车产业产生了重要的影响。

在研究中，以设计学为主导，科学融合经济学、管理学、工程学等学科专业基础理论，体现出设计学科对当代工业产业强有力的规划和整合作用；同时，以服务产业的设计理念、设计视角，系统地去发现问题、分析问题、解决问题，合理形成了一套随州专用汽车产业规划，在思想、方法、路径上具有一定的创新性，可为设计从业者和研究者提供一定的学习与借鉴。

郑建启

2019 年 11 月 1 日，于禅城

目录

1 "十一五"时期随州汽车产业的基础与现状

　　汽车产业是一个国家工业实力的核心标志,专用汽车产业则是衡量一个国家国民经济和汽车工业发展水平的重要标志。专用汽车(special purpose motor vehicle)是指装有专用车厢或专用装备,从事专门运输或专门作业的汽车。从 20 世纪 60 年代起,随州市依托东风汽车集团有限公司(以下简称东风公司)错位发展,其以专用汽车为核心的汽车产业经历了从无到有、从弱到强的发展历程,目前已成为湖北省汽车工业格局中的一个重要节点,发展势头强劲,未来前景广阔。

　　随州市地处长江流域和淮河流域的分界地带,是湖北省的"北大门",也是武汉向西北辐射的重要中转站,交通便利,4 条铁路、3 条高速公路、3 条国道穿越境内,区位优势明显。随州专用汽车企业主要集中分布在沿 316 国道长达 25 千米的湖北汽车长廊(武汉—随州—襄阳—十堰的汽车工业走廊)的中段。这是随州市经济技术开发区、随州市曾都开发区、随州市曾都南郊开发区所在地,向西北距离十堰 2 小时车程,可以充分利用东风公司丰富的底盘资源及零部件等配套资源,而向东南距离武汉只有 1 小时车程,能够充分利用武汉的人才、技术及资金等资源。

　　随州汽车产业历经几十年的发展,积累了比较雄厚的物质、技术、市场基础,并形成了以东风专汽、航天双龙、大力、重汽华威为龙头的专用汽车生产企业集群,以齐星、楚威、全力、华龙为代表的零部件生产集群,具备了以新楚风、东风专汽为基础的整车研发、生产、供应体系。目前,随州市已成为国内专用汽车产业发展速度最快、品种最齐全、最具竞争力的城市。

　　"十一五"开局,国际宏观经济形势发展势头良好,在国家与湖北省相关政策的引导与支持下,随州专用汽车产业坚定实施"工业兴市"战略,专用汽车生产企业通过改制、兼并和重组等方式,已基本实现企业性质由国有向民营的转化,呈现出速度加快、结构改善、效益提高、后劲增强的良好态势。随州专用汽车产业已进入增品种、上批量的加速发展阶段。随州市现已发展成为全国专用汽车四大生产基地之一,专用汽车产业综合实力居全国首位,在我国汽车产业中占据重要地位,对满足国内各种需求和促进国民经济的发展做出了重要贡献。2007 年,随州市被中国机械工业联合会正式授予"中国专用汽车之都"称号,并且成为"中国(随州)国际专用汽车博览会"和"中国(随州)专用汽车发展论坛"两项活动的永久举办地。

1.1 "十一五"时期随州汽车产业取得的显著成就

1.1.1 总量快速增长，支柱产业地位更加突出

随州是中国专用汽车的主要发源地和知名生产基地。经过近 50 年的发展，随州专用汽车产量和销售额均居全国首位，其中专用汽车产业成为随州第一个产值过"百亿"的产业。截至"十一五"期末，全市汽车产业规模以上企业 118 家，较"十五"期末的 57 家增长了约 1.07 倍，年均增长率为 15.66%。全市专用汽车企业进入工业和信息化部发布的《道路机动车辆生产企业及产品公告》（以下简称国家工信部公告目录）的有 19 家，产销过亿元的企业有 26 家，其中过 5 亿元的企业有 6 家、过 20 亿元的企业有 1 家。

"十一五"期末，全市专用汽车产量 7 万辆，较"十五"期末的 1.37 万辆增长了约 4.11 倍，年均增长率 38.57%；全市汽车产业实现产值 151.34 亿元，较"十五"期末的 36.51 亿元增长了约 3.15 倍，年均增长率 32.89%；全市汽车产业实现主营业务收入 152.11 亿元，较"十五"期末的 35.08 亿元增长了 3.34 倍，年均增长率 34.1%；全市汽车产业实现利税 11.51 亿元，较"十五"期末的 1.47 亿元增长了 6.83 倍，年均增长率 50.92%；全市汽车产业出口额 14300 万美元，较"十五"期末的 184 万美元增长了 76.72 倍，年均增长率 238.84%（见表 1-1）。

尽管受到 2008 年国际金融危机的影响，湖北省随州市依然保持了经济平稳较快增长。2009 年 1 月至 11 月，随州对外贸易实现出口 4.24 亿美元，同比增长 39.9%；全市 2009 年完成规模以上工业总产值 349.9 亿元，同比增长 23.8%；实现工业增加值 107.4 亿元，同比增长 22.2%。至"十一五"期末，随州汽车产业产值占随州五大支柱行业（汽车机械、食品工业、医药化工、纺织服装、电子信息）的比重已由"十五"期末的 24.4% 上

升至 39.3%；汽车产业产值占工业总产值的比重已由"十五"期末的 18.57% 上升至 29.69%；随州专用汽车产量占全国专用汽车产量的比重已由"十五"期末的 3.55% 上升至 5.07%。以专用汽车为代表的汽车产业已成为随州的第一大支柱产业。

表 1-1 "十五"期末与"十一五"期末随州汽车产业总量比较

指标名称	"十五"期末	"十一五"期末	总增长率	年均增长率
规模以上企业	57 家	118 家	107.02%	15.66%
产量	1.37 万辆	7 万辆	410.95%	38.57%
产值	36.51 亿元	151.34 亿元	314.52%	32.89%
主营业务收入	35.08 亿元	152.11 亿元	334%	34.10%
实现利税	1.47 亿元	11.51 亿元	683%	50.92%
出口额	184 万美元	14300 万美元	7672%	238.84%

1.1.2 市场逐步规范，产业链条体系初步形成

"十一五"期间，为实现随州专用汽车行业的有序竞争和健康发展，市政府出台了《随州市汽车行业专项整顿工作方案》，重拳出击，加大对非法专用汽车企业、作坊式窝点的打击力度，取缔了一些无资质、无固定场所的企业，通过整合、重组、并购、控股或参股等多种形式对无资质的企业进行改造、改组、改制，将原有的 180 余家企业整顿为进入《国家工信部公告目录》并具有合法生产资质的 19 家企业，规范了市场准入制度；同时，加强了对企业用工和专用汽车生产合格证的管理，查处和打击了一批购买、盗用合格证与利用外地合格证以假充真、以劣充优进行非法生产的企业和个人，完善了行规行约，以促进公平竞争。

2007 年，随州共生产专用汽车 3.2 万辆，创产值 58.3 亿元，分别占全省专用汽车产量和产值的 48%、41%。2008 年，共生产专用汽车 4.1 万辆，创产值 71.4 亿元，分别占全省专用汽车产量和产值的 53%、44%。2009 年，随州汽车业产值逾 100 亿元，占 2009 年随州市工业总产值的比例已高达 24.5%，如图 1-1（a）所示。专用汽车产业已成为随州市第一大产业。2010 年上半年，同类数据所占比例已提升到 27.1%，如图 1-1（b）所示。2010 年 1~5 月，随州市已产销汽车 2.84 万辆，同比增加 1.27 万辆，创产值 49.4 亿元，同比增加 15.7 亿元，均创历史同期最高纪录。2010 年，随州市专用汽车产业 8 个月出口

创汇 8337 万美元，超出 2009 年全年出口总额。

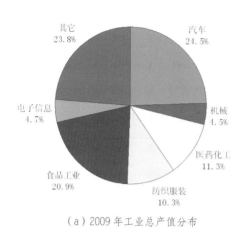

（a）2009 年工业总产值分布

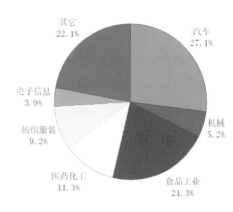

（b）2010 年上半年工业总产值分布

图 1-1　随州市工业总产值分布

从随州汽车产业 2008 年到 2010 年上半年的发展状况来看（图 1-2、图 1-3、图 1-4），专汽及零部件产值稳步提升，特别是 2010 年上半年总产值增长显著。

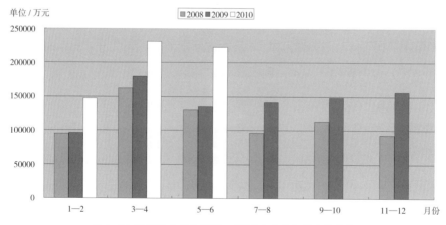

图 1-2　随州汽车产业 2008—2010 年上半年总产值统计

·2010 年仅上半年数据，1-2 月，3-4 月，5-6 月的总产值均比上两年同比增长较大。

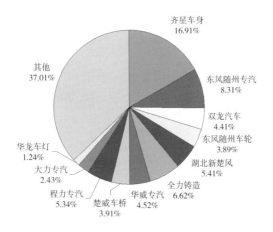

图 1-3　2008~2009 年随州市各大汽车企业产值分布

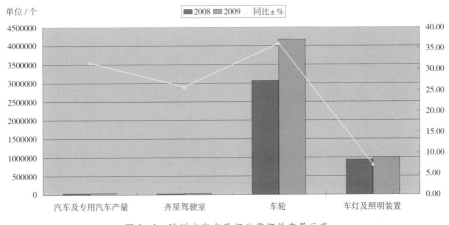

图 1-4　随州市汽车及部分零部件产量示意

到 2010 年底，随州已聚集了恒天汽车、东风随州专汽、航天双龙、重汽华威、程力专汽、楚威专汽、大力专汽等 19 家进入国家工信部公告目录的企业，其中恒天汽车、东风随州专汽、程力专汽、金力车辆 4 家企业还具有底盘生产资质和能力；发展了齐星车身、全力机械、楚威车桥、神马齿轮、华龙车灯、亿丰型钢等 80 多家汽车零部件生产企业；专用汽车及零配件的生产能力达到 15 万辆，产值达 290 亿元，形成 1 个过 50 亿元（财富汽车工业园）、1 个过 30 亿元（东风专汽）、2 个过 20 亿元（湖北齐星、航天双龙）、3 个过 10 亿元（大力、华威、楚胜）、10 个过 5 亿元的一批核心竞争力强且在国内市场上有较大影响的大公司（大集团），带动了销售、物流、维修、教育等相关行业的发展，形成较为完善的生产、配套、检测、研发、销售等产业体系，专用汽车产业链条体系已初步形成。随州已成为我国专用汽车产业集聚发展的典范之一，示范效应明显。

1.1.3 产品类别齐全，产能规模不断扩大

经过 50 多年的发展，随州成为国内专用汽车品种最齐全、特色最鲜明、产业资源最丰富的地方，也是中国最大的罐式车生产基地（图 1-5）。目前，该市大型专用汽车及零部件制造和销售企业已发展到 180 余家，资产总额超过 50 亿元，其中有国家工信部公告目录内资质的专用汽车企业达到 19 家，另有多家企业已建成和具有专用汽车生产能力，正在申报专用汽车生产资质。随州已具备年产各类专用汽车 7 万辆、专用汽车底盘 3 万个、汽车车身 3 万台、车轮 300 万只的生产能力，能生产专用车中加油车、运油车、飞机加油车、液化气体运输车、低温液体运输车、化工液体运输车、粉粒物料运输车、散装水泥车、混凝土搅拌车、绿化喷洒车、下灰车、供水车、消防车、草籽播撒车、随车起重运输车、仓栅车、专用自卸车、吸粪吸污车、鲜活运输车、高空作业车、清障车、卫生防疫车、移动电瓶车、自卸车、厢式车、半挂车、客车等全部 12 大系列 62 个类别 300 余个品种的专用车。生产的罐式车在国内市场的占有率达 40% 以上，其中油罐车年产销量 1.5 万辆，位居全国第一；环卫车年产销量 1.1 万辆，位居全国第一；平头车身年产销量 2.5 万台，位居全国第一；钢制车轮年产销量 228 万只，位居全国第一；自卸车年产销量 1.8 万辆，位居国内三强；车桥铸造件年产销量 9.2 万吨，位居国内五强。

目前，汽车机械产业已成为随州五大支柱产业之一，产品类别丰富。其中，专用汽车涉及 12 大系列 62 个类别 300 余个品种，汽车零部件涉及车身总成、车轮、车灯、车桥、变速箱、传动轴、液压件、散热器、消声器、钢板弹簧等 600 余个品种 1000 多个规格。已形成年产专用汽车 7 万辆、汽车底盘 3 万个、车身 5 万台、车轮 500 万只、铸造件 80 万吨的生产能力。

借助随州专用汽车产业的区位优势、集群优势和成本优势，随州专用汽车及零部件生产企业采用针对性和竞争性的定价策略与销售策略，以较高的性价比迅速进入二、三级城市，并成功抢占了中低端市场的较大份额。在全国专用汽车排行榜上，随州市拥有"三个最"（品种最齐全、特色最鲜明、产业资源最富集）和"五项第一"（罐式车、环卫车、平头车身、钢质车轮和汽车铸造件产销量均位居全国第一）。

从 2002 年到 2009 年，我国国民经济整体发展稳健，GDP 增长率基本保持在 7% 以上，2009 年高达 10.7%。从 2000 年到 2009 年，中国累计完成公路建设投资 19505 亿元，这对于促进专用汽车消费起着至关重要的作用，在一定程度上也促进了专用汽车行业的发展和竞争力的提高。由于国民经济对汽车产品的需求仍处于增长趋势，以及我国汽车产品出口量增长的长期看好，随州专用汽车产业迎来了又一个历史性的发展机遇。

1.1.4 技术不断进步，产品创新富有成效

专用汽车是一种高效率的运输作业工具，它必然随着社会经济的发展而发展。近年来，现代设计和制造技术在随州专用汽车行业生根发芽，现代生产技术如 CAD/CAM 技术、机电气液一体化运用技术、流水生产线技术等开始大量应用；专用汽车企业的技术水平和制造工艺得以不断提升，具有国内、国际领先水平的现代生产装备逐渐普及。目前，随州拥有生产设备近万台（套），专业生产线数十条，如德国长玻纤维注塑机、日本 AMF-Ⅲ08R 东久线、意大利 F20 光谱仪、数控加工机床、激光加工中心、美国罐体柔性加工中心、逐步引进等离子切割机、数显卷板机、自动缝焊机、自动旋边机、风力循环机喷丸室、水旋式喷漆室等，提高了汽车行业装备基础，有效缩短了新产品的开发及生产周期，产品质量和性价比也有了明显的提升，企业综合竞争力得到明显增强。许多企业（如航天双龙公司）率先建立了产品研发中心和市场开发团队，推动了企业的快速发展。

近年来，随州市专用汽车企业在技术投入和发展的重视程度上比以往有了较大的提高。随州市专用汽车企业与清华大学、武汉大学、华中科技大学、武汉理工大学、汉阳研究所等高等院校、科研院所大力开展产学研合作，共建研发基地，推动先进技术的实践应用，专用汽车企业科研投入经费呈逐年递增趋势，如图 1-6、图 1-7 所示。其中，程力、力神、齐星、合力、东正等专用汽车生产企业及三环、华龙车灯、亿丰型钢、全力铸造等零配件生产企业近年来对科研的资金投入明显加大。

随着微电子技术、自动控制技术、模块化设计及生产、模具开发及应用等新技术的逐渐应用，随州企业的产品创新初现成效，成功研发了一批具有自主知识产权、科技含量高、附加值高的专用汽车产品，如齐星的旅居房车和移动式工程房车、江南东风的消防车、航天双龙的前卸式混凝土搅拌车和治沙植草喷播车、华威的大马力自卸车、合力的道路检测车、楚胜公司的高效节能环保车、东特的罐式集装箱等。油田类车辆、起重车辆、新型环

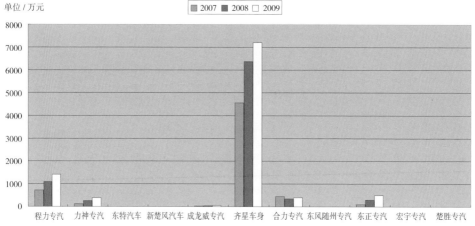

图 1-6　所调查的专用汽车生产企业投入科研经费统计

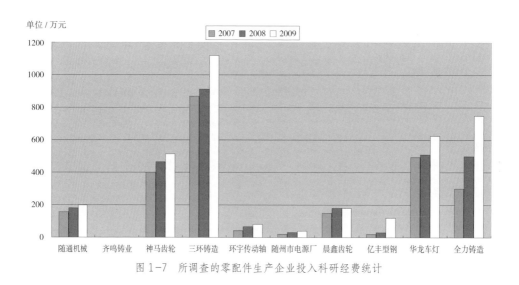

图 1-7　所调查的零配件生产企业投入科研经费统计

卫车辆、轻型旅居车辆、特殊作业车辆等高附加值和高科技含量车辆不断涌现,高速公路检测车、沙漠植草喷播车处于国际领先技术水平,由此打造了"湖北齐星"国家级高新企业 1 家、"重汽华威""航天双龙"等 13 家省级高新技术企业;产生了"齐星""东风""大力" 3 个中国驰名商标,"龙帝""楚威""楚胜""程力威""中洁""EC""华威驰乐"等 8 个湖北省著名商标;重汽华威的"华威驰乐"牌自卸系列改装车、航天双龙的"龙帝"牌混凝土搅拌车、楚胜专汽的"楚胜"牌洒水车和自卸车、全力机械的"SZ"牌载重汽车制动鼓和轮毂、楚威公司的"楚威"牌汽车驱动桥壳体、华龙车灯的"华鸿"

牌系列汽车灯具等 8 个湖北省名牌产品。

随州专用汽车企业的产品生产初步出现分工，正在向大吨位、多品种、宽系列、高附加值方向发展。比如：江南专汽主要生产高空作业车和清障车，市场销售成绩喜人。航天双龙公司与美国的马克西姆公司成功合作开发了前卸式混凝土搅拌车，在国内和国外市场均取得了较大的成功。该产品不仅填补了国内产品的空白，而且对于公司提升产品技术的研发生产能力、构建公司的品牌效应等均起到积极作用。

此外，随着高新技术的发展以及企业对新产品开发力度的加强，一些高新技术开始在专用汽车上得到应用，提高了专用汽车的技术水平，如专用汽车附加装置的安装等。由于专用汽车的专用装置具有多样性、复杂性和专用性的特点，液压举升装置、排料卸料装置、计量测量装置、机械作业装置、制冷保温装置、安全防护装置、自动控制装置等逐渐被应用在专用汽车上，一定程度上满足了用户在新形势下对产品的新需求。自卸车产品已由初期的中小吨位向着大吨位的个性车发展，产品技术含量和附加值有了很大提高。同时，加强自主品牌和自主知识产权的保护，是维护市场稳定、促进企业健康发展的基础，是从"中国制造"迈向"中国创造"的前提。目前，许多随州专用汽车企业对自主品牌和自主知识产权的重视保护程度不够，需要进一步加大市场监督，加大对违法侵权行为的打击力度。

1.1.5 引资步伐加快，存量资产有效激活

随州汽车产业历经近 50 年的发展，已成为湖北省重要的、全国知名的改装汽车生产产业，也成为随州发展速度最快、拉动力最强的支柱产业。近年来，许多企业通过不断扩资、扩产、新建厂房，增加生产、工装、检测设备的投入以深化企业的发展。如东风公司进驻随州成立东风随州专汽与东风随州车轮厂；引进三江航天集团控股湖北双龙公司；中国重汽集团控股湖北华威公司；湖北全力机械集团联手广东富华公司，共建全力富华，打造亚洲最大的汽车铸件基地；合力公司与北京交通进出口公司共建湖北华星专用汽车有限公司；恒天集团重组湖北新楚风公司，5 年内实现年产值 100 亿元的生产规模；楚胜专汽与厦工重工合作，投资 10 亿元，5 年内打造年产值 30 亿元的专汽生产基地；大力客车与精功镇江汽车制造有限公司共建年产值 10 亿元的大力精功新能源汽车产业园；楚威车桥与湖北三环携手新建两大厂区扩大生产规模；奥马公司与加拿大渥太华 Metro-Towing

公司合作，引进技术生产清障车，年产值过 10 亿元；齐星公司启动车身扩能项目，年产 10 万辆汽车驾驶室等。这均为随州发展壮大专用汽车产业提供了强大的资金和技术支持，为优化随州专用汽车产业结构、促进产业快速成长发挥了重要作用。

1.1.6　订单模式培养，专技人才优势明显

随州汽车企业还储备了大批管理人才、技术人才和熟练技术工人。据统计，该市汽车产业现有各类中高级专业技术人员 1285 人，熟练技师、技工 1.6 万余人。

高技能人才是人才队伍的重要组成部分，是技术工人队伍的核心骨干，在经济社会发展中具有不可替代的重要作用。随州完善的职业教育体系为专用汽车生产企业培养了大量后备人才。近年来，随州各职业技术院校围绕汽车产业开办专业，以企业人才需求为导向，校企共同制订培养方案，共同参与教学考核，以能力培养为主线，实施"订单式"人才培养，为随州汽车产业输送了大量实用型技能人才。其中，随州职业技术学院、随州技工学校、随州机电工程学校、湖北现代教育集团等 30 多所中高等专业技术学校（院）在校生达 3 万多人。"订单式"培养既满足了随州汽车企业引进特殊或紧缺专业毕业生的迫切需要，又提高了学生就业的针对性和就业质量，也提高了随州技能人才的本土化水平，还丰富了学校的教学改革和教育实践，从而实现了随州企业、学校和学生三方互利共赢的良好局面。

政府也在加快高技能人才培养基地建设，加大高技能人才培养力度，进一步完善高技能人才的考核评价办法，优化环境，鼓励创新，制定并落实高技能人才激励政策，加大资金投入，完善高技能人才工作经费投入机制，大力营造尊重劳动、尊重知识、尊重人才、尊重创造的社会氛围。

1.2 "十一五"时期随州专用汽车产业结构的现存不足

1.2.1 产品结构：同质与低质现象较为普遍

随州市专用汽车生产企业在多年的发展过程中，虽然整体工业水平和产品质量有了一定的提高，但与区外企业特别是发达国家的产品相比，整个行业产品质量的综合性评价相对较低，企业更多的是注重生产和市场环节，产品更多的是以粗放型、低附加值形式参与市场竞争，企业获取利润的方式主要靠产品规模形成效益，以量取胜。

随州专用汽车产业虽然在产量上已具备相当规模，但产品结构仍有待调整。随州专用汽车大部分集中于劳动密集型、低技术含量、低附加值的运输类专用汽车，如罐式车、自卸车、半挂车、环卫车等。具有高技术含量、高附加值、高可靠性的运输类和作业类专用汽车还不够多，缺乏适用于高速公路运输、城市建设、市政管理、建筑施工、机场、油田等领域的专用汽车。目前，产品结构不够均衡，产业体系不够紧密，市场集中度较低，产品同质化程度较高，造成随州专用汽车产业整体快而不优的发展局面。这成为制约随州专用汽车产业发展的重要瓶颈。尽管随州专用汽车涉及 12 大系列 62 个类别 300 余个品种，但与我国专用汽车约 5000 种、发达国家专用汽车逾万种还有巨大差距。

随州还存在同一类产品有数十家企业生产、一家企业又生产很多类产品的现象，与发达国家同一类产品最多是三五家企业生产、一家企业最多只生产几种产品形成了鲜明对比。低水平重复建设，造成产品同质化问题比较严重，企业"大而不强、小而不精"的特点比较突出。运输类专用汽车未能发挥大批量、大规模的优势，企业大而不强；作业类专用汽车未能突出专、精、特、新的特色，企业小而不专；零部件生产未能形成模块化、集成化，企业散而不精。由于专用汽车生产具有批量小、品种多的特点，因此对工装工艺有着较高的要求，尤其对冲压成型、焊接涂装设备的要求更高。国外大多数专用车生产企业已经采用智能化、柔性化生产设备，使生产周期缩短、工艺简化、质量稳定可靠。而随州专用汽车生产企业生产机械化、自动化程度较低，工艺水平相对落后，从而降低了产品的质量和档次，制约了专用汽车的发展。虽然在产品生产工艺环节硬件方面，国内外差距正在缩小，但在生产工艺管理要求及执行度方面，国内外企业差距较大。

在发展模式上，由于专用汽车是独创性强、个性色彩突出、文化品位高的产品，国外专用车生产企业已不再把单纯的数量扩张作为获取利润的主要手段，而是把精力放在技术进步、产品开发与设计、提高专用车产品附加值上。相比而言，随州专用汽车行业市场细分程度不够，产品雷同性大，满足用户个性化要求的能力还比较弱；往往依靠单纯添置硬件和提高产品数量来拓展企业规模，在外延扩展的同时也增加了生产成本，效益并不理想。

在生产工艺上，虽然在加工设备等硬件方面与国外的差距正在缩小，但在生产管理、工艺标准及检测执行等软件方面与国外企业仍有较大差距。许多企业拥有的高、精、尖设备及生产线情况不容乐观，进口设备比例较小，国际及国内先进设备所占比例也有限。许多专用汽车生产企业仍采用传统模式，以规模经济创造效益，不注重生产环节的投入，生产协作意识差，劳动效率较低，产品质量达标率低。专用汽车生产企业列入"3C"认证的产品须全部通过认证，列入生产许可产品也须全部取得生产许可证。专用汽车主导企业已通过了 ISO 9000 和 ISO/TS 16949 质量体系认证，有良好的售后服务体系，但部分企业对产品质量问题重视不足，整个行业的产品质量综合性价比较低，生产经营程序缺乏规范性。一些零部件生产企业无标准生产或执行标准未进行标准备案，少数获得 3C 认证的零部件企业质量不稳定，汽车产品合格证管理水平有待提高。随州市质量技术监督局2008 年发布的报告显示，抽查改装车企业 27 家 33 批次，合格 8 批次，不合格 25 批次，合格率为 24.2%；抽查零部件企业 51 家 53 批次，合格 47 批次，不合格 6 批次，合格率为 88.7%，整体质量情况不容乐观。目前，专用汽车企业管理效率相对较低，大部分企业还处于家族式的管理方式，距离现代化管理还存在一定的差距。部分中小型企业机械化程度低，甚至是手工作坊模式生产，存在规模小、开发能力弱、工艺水平和生产效率低下、产品质量参差不齐和企业盈利能力差等问题。

1.2.2 技术结构：研发和制造水平相对滞后

专用汽车是一种高技术产品，它将机械、电子、液压、化工、环保等领域的先进技术模块化地集成在一个专用汽车底盘上，从而实现特定功能，所以专用汽车的生产特点是技术要求高、品种多、批量小、市场需求变化快。国外专用汽车产品在产品开发上普遍采用汽车领域的相关先进技术，产品开发创新很快，能够最大限度地满足用户对专用汽车的需求。技术含量较高的专用汽车大多是小批量、多品种。随州专用汽车产业在产量上虽已具备相当规模，但多数是劳动密集型的中低技术含量的产品，如半挂车、自卸车。现有专用汽车技术水平相对落后，关键零部件还无法全部实现自主生产。一些技术含量较高的专用汽车产品不能自主生产，高技术含量、高附加值、高可靠性的专用汽车还不够多。

无论是在技术引进与产品研发经费、研发仪器设备水平、研发人员数量、研发人员专业水平等研发能力上，还是在制造工艺水平、制造设备水平、产品技术含量和产品标准化程度等制造能力上，随州专用汽车企业与国际国内先进水平都存在较大距离。表现如下：

（1）在技术研发上，仿制多、创新少，资金投入不足，技术储备不够，自主开发能力弱且不愿做长期投资。

（2）在产品设计上，质量利用系数低，同类型、同吨位车比国外重20%~30%；专用功能满足度比国外同类产品落后5~10年；人机工程应用不充分，适应性能不强，高技术运用较少。

（3）在生产装备上，厂房车间等基础硬件设施投入不足，缺少先进制造设备和高端检测仪器。

（4）在制造能力上，机械化生产和自动化生产程度较低，工艺水平相对落后，从而降低了产品的质量和档次，与国外专用汽车企业大量采用智能化设备和柔性化生产还有较大差距。

因此，从整体上说，随州专用汽车企业，存在的缺乏合理的技术结构、缺乏创新意识、缺乏创新机制、缺少技术储备、缺乏资金投入五大问题，使它不得不走上仿造之路，形成国内仿国外、小企业仿大企业的尴尬局面，仅有部分企业通过引进技术和自主研发达到了较高水平并获得成功。

总体来看，随州专用汽车企业虽然近年来发展较快，但技术水平相对滞后，研发能力普遍薄弱。企业大而不强、小而不专，产品结构、产业体系松散，市场集中度低、技术水平滞后、产品同质化严重、关键部件无法自主生产等问题突出。开发新产品及技术改造投入大、见效慢、收益小，加上大多数企业缺乏雄厚的资金基础，造成了企业在技术上投入不足，缺少创新，自主开发能力弱又不愿做长期投资，采用简易的工艺装备，产品质量得不到保障的状况，这制约了随州专用汽车行业的发展，它只能依靠压低价格提高性价比抢占国际市场。由此带来的问题是：设备工艺水平落后及生产效率低、重复生产现象严重、综合产能严重过剩、产品质量参差不齐、营销手段单一、企业盈利能力差、参与国际市场竞争的能力较弱。

整体缺乏高技术含量的运输类及作业类专用车型，机电气液一体化技术、智能化、微电子技术、模块化开发及生产技术运用率较低，是随州专汽企业发展中存在的重要隐患。随州专用汽车行业没有突出运输类企业集团化、规模化，作业类车型专、特、精，零部件企业专业化、模块化发展的行业优势特性，一些技术含量较高的产品及关键零部件仍需进口，如液压件、泵类、阀类、控制仪表等，这制约了高水平专用汽车的开发生产。汽车厂家在产品技术和资金投入上也普遍存在重基型车、轿车、客车而轻专用车（专用车底盘）的现象，使专用汽车生产品种中的重、中、轻等各类产品的比例严重失调。产品的低成本优势是随州专用汽车产业快速发展的重要特点，许多企业不注重自身产品的技术投入，仅把低成本作为开拓市场的手段，企业产品升级速度缓慢，缺乏对技术开发、管理创新等方面的投入；互相抄袭技术、恶性杀价销售的恶性循环现象时有发生；企业多而不强，产品特点不够鲜明，高端市场客户欠缺，一味地追求短期市场效应而忽视产品开发能力，造成企业综合竞争力上的弱势。因此，对于具有高附加值、高技术含量的专用汽车类型的重视和投资应是企业下一步的发展方向。

1.2.3 市场结构：细分和营销手段较为匮乏

调查数据显示，随州市专用汽车企业 2008 年至 2010 年期间的整体销售情况呈稳定上升的态势。2009 年，随州专汽产业实现产值 101.58 亿元，同比增长 29.15%；实现销售收入 100.58 亿元，同比增长 30.13%；实现利税 7.14 亿元，同比增长 48.46%；成为随州市第一大支柱产业。2010 年 1 月—9 月，随州市汽车产业实现产值 84.82 亿元，同比增长 41.3%；完成主营业务收入 88.63 亿元，同比增长 49.7%；实现利税 1.5 亿元，同比增长 4.12%；实现利润总额 4.66 亿元，同比增长 70.95%；其增长速度均高于全市平均水平。部分企业增长迅猛,如齐星、程力、楚胜、东正等企业(图1-8、图1-9)。航天双龙公司、大力公司与中石油、中石化建立了稳定的油罐车供货关系,华威公司的大吨位自卸车在云、贵、川、陕等地热销,齐星公司的旅居车直供北京奥运会组委会。航天双龙在长春建立年产3000辆的生产基地,湖北华威在十堰建立年产2000辆的生产基地。随州市专用汽车逐步走出本市,布局全国,规模企业在市场营销网络的建设方面已有所探索,区域营销市场已逐步形成。

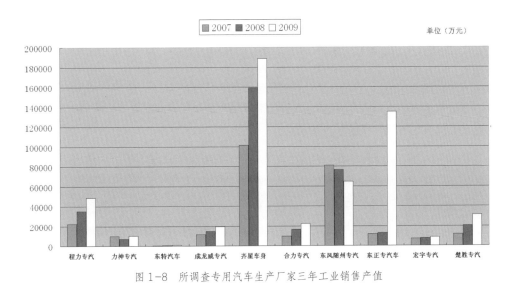

图1-8 所调查专用汽车生产厂家三年工业销售产值

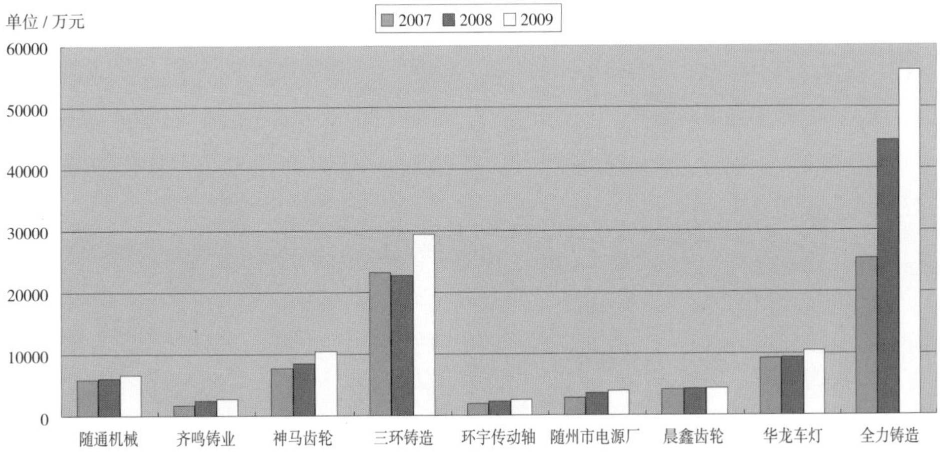

图1-9 所调查零部件生产厂家三年工业销售产值

随州制造的专用汽车正在逐步参与经济全球化背景下的国际市场竞争，这对于企业外延经济的发展有着重要的战略意义。从 2004 年开始，各专用汽车企业开拓创新、奋勇当先，积极瞄准和拓展国际市场，使随州市专用汽车出口呈现快速增长势头，业绩骄人。2009 年，随州出口 8238 万美元（整车出口 3000 余辆），同比增长 258.67%；2010 年 1~8 月，随州市专用汽车已完成出口创汇 8337 万美元，已超出 2009 年全年出口额。随州生产的专用汽车因快捷灵活、运输效率高、成本低、适应性强，现已广泛应用于国外矿山、煤炭、特殊产品的运输和工程建设，长远来看，出口市场前景乐观。目前，随州专用汽车的出口目的地已由过去的安哥拉、巴基斯坦、加纳、越南、苏丹、哈萨克斯坦等国家，增加到五大洲的近 30 个国家和地区，并且在中东、东南亚和非洲等市场得到巩固和扩张，在中亚、东北亚的市场份额有较大的提高。不过，它主要集中于非洲、中东、东南亚等欠发达地区，虽然极少数产品打入欧美高端市场，但离规模化效应还存在很大距离。不可否认，在出口上，随州专用汽车的外向程度仍然较低。

在市场营销上，主要依靠分销商的传统营销模式，制约了随州专用汽车企业的发展。其一，由于专用汽车品类日益丰富，分销策略难以统一；其二，同质化产品过剩，缺乏具有影响力的品牌，因此买方市场中分销商拥有了议价的主动权，企业在销售环节往往处于被动；其三，营销方式单一，同质化产品只能靠低价策略作为竞争手段，进而迫使产品利润率降低，形成恶性循环。虽然近年来部分企业加强了品牌意识，导入了网络营销，但由于缺乏公共信息平台和有效的产业信息管理，信息渠道不通畅，仅利用网络进行简单宣传和信息发布，未能充分发挥电子商务的优势。

目前，随州多数专用汽车企业缺乏对国内外专用汽车市场的深入研究。市场结构的不合理，促使专用汽车企业只会利用现有需求，而不会开创和掌握新的需求；只能满足客户的当前需求，而不能主动引导、不断探索客户的未来潜在需求；只会靠大量生产和降价竞争来维持生存，而不会追求和创造差异化；只能在现有市场空间中竞争，而不能开拓"无人竞争"的新市场。

1.2.4 组织结构：制度和竞争能力有待加强

随州市部分汽车企业仍沿袭传统的家族管理模式，无论在战略决策、产品研发、市场定位上，还是在项目管理、财务管理、人力资源及融资等方面，仍处于"人治"阶段。在生产流程管理上，只注重生产环节的投入，生产协作意识差，劳动效率较低。虽然部分企业逐渐向法治管理模式转变，但建章立制和管理执行上深入程度和普及率均不高。"文治"型企业在随州市还属于空白，以企业理念和企业价值观为核心的企业文化建设、以企业识别和产品识别相一致的企业形象建设也较为滞后。组织结构的不均衡发展，导致部分企业一味追求短期市场效应而缺乏长期战略目标，过于强调自身既得利益而伤害了产业整体利益。无论在品牌力、研发力、营销力、制造力、产品力、资源力等企业外部竞争力方面，还是在决策力、执行力、整合力等企业内部竞争力方面，随州专用汽车企业的综合竞争力都较弱，核心竞争力不够突出，优势不够明显。

1.2.5 区位结构：协作和产业链条仍需完善

就随州而言，一方面，由于零部件企业未能生产专用汽车上装的特殊产品，专用汽车企业需要大量外购零部件，零部件企业则舍近求远开拓外地市场，本地配套率较低；另一方面，由于目前底盘企业的产能尚未释放，"零部件—底盘—上装"的产品链条未能完全形成，运输物流成本过大。在设计研发上，仍是各自为政，缺乏集团作战，因而只能小修小改，无法常变常新；在产品质量上，由于缺乏统一的行业标准和完善的质量监测体系，因而只能各说各好，无法衡量物价比；在售后服务上，虽然日益关注客户需求，但主动性、前瞻性和覆盖面都有待提高。就湖北省而言，随州在湖北"汽车长廊"的产业分工中虽然特点突出，但地位还不够巩固，区位结构亟待调整，协作能力尚需增强，在专用汽车行业的影响力有待进一步提高。

目前，国内专用汽车市场竞争格局正在加剧，以山东梁山、辽宁铁岭等地为代表的专用汽车产业集群正在快速发展。这将带来中国专用汽车市场格局的转变，一定程度上影响随州市汽车产业已有和潜在的市场空间。传统劳动密集型产品因其技术含量及价格低的竞争优势将不复存在。未来随州专用汽车企业需要通过寻求技术创新等新的替代性增长因素，克服困难，把握机遇，从而寻求更好的发展。

2 "十二五"时期随州专用汽车产业发展的内外环境

2.1 "十二五"时期随州专用汽车产业发展的国内外环境

2.1.1 金融危机后专用汽车产业处于重要的国际战略机遇期

在后金融危机时代,我国经济发展处于重要的战略转型期,虽然面对诸多的风险与挑战,但总体而言仍处于重要的国际战略机遇期,面对难得的历史机遇,可以大有作为。"十二五"期间,我国专用汽车产业面临的国际形势主要表现在:一是虽然国际金融危机影响深远,世界经济增速变缓,市场环境日趋复杂,但伴随世界经济的复苏,海外市场仍充满机遇,国内自主品牌专用汽车企业的国际化发展仍有较大拓展空间;二是金融危机后,全球需求结构出现明显变化,随着土地、原材料和劳动力成本等的逐渐增加,原劳动密集型产品的低成本、低价格的竞争优势将不复存在,专用汽车企业将围绕市场、资源、人才、技术、标准等展开更加激烈的竞争;三是气候变化、能源安全、资源紧缺等全球性问题更加突出,发展新能源专用汽车将成为产业竞争的后发型战略目标。

2.1.2 国内经济持续稳定增长为汽车产业发展奠定坚实基础

一个国家国内生产总值(GDP)的大幅增长,能够反映出该国经济发展蓬勃,国民收入增加,消费能力也随之增强。加入世界贸易组织后，中国经济迎来新的发展机遇，我国的 GDP 从 2001 年的 109655.2 亿元增加到 2009 年的 335353 亿元（图 2-1），增幅巨大，人民收入大幅增加。人民生活水平也在这期间大大提升，这与改革开放力度不断增强、内需进一步扩大存在直接联系。强大的内需使 GDP 即使在 2008 年经济危机出现时也达到了 300670 亿元，实现了历史突破。

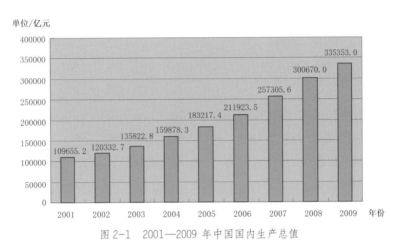

图 2-1　2001—2009 年中国国内生产总值

2001—2009 年，我国年均经济增长达到 10%。2000 年和 2001 年，由于亚洲金融危机的后续影响，中国经济增速在 8% 左右徘徊，2000 年为 8.4%，2001 年为 8.3%。2002 年，中国经济增速达到 9.1%，开始了又一轮经济高速发展。2003 年经济增速达到 10%，开始了连续 5 年保持两位数的经济增长速度，5 年年均增速为 10.76%。2008 年因为国际金融危机影响增速降至 9%。2009 年中国国内生产总值为 335353 亿元，按可比价格计算，比上年增长 8.7%（图 2-2），实现了年初制定的"保八"目标。

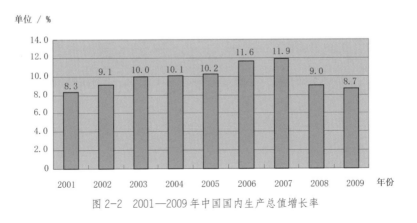

图 2-2　2001—2009 年中国国内生产总值增长率

伴随中国经济飞速发展，中国汽车工业也进入了一个市场及生产规模迅速扩大、全面融入世界汽车工业体系的发展环境，我国汽车工业进入快速发展时期。

2001—2010 年是我国汽车产业国际化发展的机遇期。国民经济的持续、健康、快速发展，一系列汽车产业新政策的颁布实施，我国汽车市场巨大需求的快速释放，产业国际化程度的大幅度提高，产业综合发展能力的形成并日益完善，使我国汽车产业进入发展最快、变化最大、实现跨越的重要阶段，确立了我国汽车生产大国的地位。尽管其增速缓慢，但是"大市场"状态已然形成。"十五"期间，我国汽车产量以 22.51% 的年均增速，连续跨越三个百万辆大关，2005 年产量达到 507 万辆，占当年世界汽车总产量的 8.58%（图 2-3、图 2-4），世界排名从 20 世纪末的第八位跃居第四，每千人拥有汽车 24 辆，汽车工业总产值占全国工业总产值的比例为 4.1%，汽车工业增加值占 GDP 的比例为 1.2%，投入产出效益明显提高，对汽车工业上下游产业的带动作用更加显著。

2006 年，作为"十一五"开局之年，中国继续保持社会经济快速发展，汽车工业保持高速发展态势，成为世界第三大汽车生产国。汽车产销以 27.3% 及 25.1% 的增长速度，一年之内越过两个百万级台阶，分别达到 571 万辆及 722 万辆（图 2-3、图 2-4），一汽、上汽两大集团年产销量均超过 100 万辆。根据世界制造商协会（OICA）统计数据，2006年，我国汽车产量占世界总产量的比例为 10.52%（图 2-5），比上年提高 1.81 个百分点，我国成为仅次于美国、日本的世界第三汽车生产大国。2007 年，我国汽车行业继续保持良好发展势头，行业整体盈利水平提高。

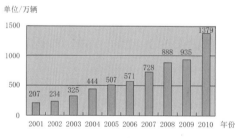

图 2-3 2001—2009 年中国汽车总产量统计
注：统计数据来自《中国汽车工业年鉴》。

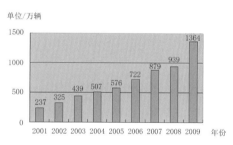

图 2-4 2001—2009 年中国汽车销量统计

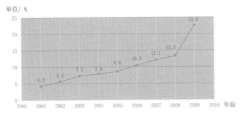

图 2-5 2001—2009 年中国汽车产量占世界
汽车总产量比例
注：统计数据来自《中国汽车工业年鉴》。

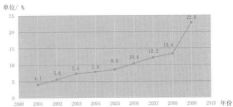

图 2-6 2001—2009 年中国汽车销量占世界
汽车销量比例
注：统计数据来自《中国汽车工业年鉴》。

在国家宏观经济发展的良好形势下，为适应市场发展需要，汽车企业不断推出新产品。安全、节能、环保成为新产品研发重点，产品结构日趋合理，自主品牌产品逐渐增多。到2008 年，汽车工业总产值达到 187780.5 亿元，占 GDP 的比重已超过 8%，如果再加上对整个上下游行业的带动，汽车工业对国民经济的拉动作用远远超过 10%。

"十五"和"十一五"期间，专用汽车产业因其较强的区域性和联动性，成为国内各地竞相发展的重点产业。我国专用汽车（不含半挂车）产量已由 2001 年的 9 万辆增长至2010 年的 139 万辆（图 2-7），年均增长率 35.55%。至 2010 年底，我国专用汽车品种也由 1000 余种发展至 5000 余种，其中厢式车 1580 种、特种车 1030 种、罐式车 876 种、厢式车、罐式车、特种结构车、专用自卸车等专用汽车品种均获得较快发展。

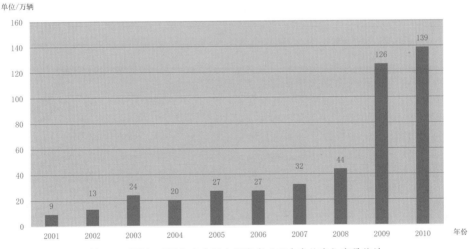

图 2-7 2001—2010 年中国专用汽车（不含半挂车）产量统计
注：统计数据来自《中国汽车工业年鉴》。

"十二五"时期,我国专用汽车(不含半挂车)发展规划将达到300万辆。目前,全国除湖北随州、湖北十堰、辽宁铁岭、山东梁山等主要专用汽车生产基地外,上海、重庆、吉林、河北、河南、广西、湖南、福建、新疆等各省(自治区、直辖市)也相继挂牌设立专用汽车产业基地。一大批优秀专用汽车企业纷纷崛起,如中国重汽(山东)、三一重工(湖南)、中联重科(湖南)、中集集团(广东)、华菱汽车(安徽)等。湖北随州以国内市场40%的占有率成为中国最大的罐式车生产基地,并被中国机械工业联合会授予"中国专用汽车之都"称号;湖北十堰在自卸车领域具有明显优势,并被中国汽车工业协会命名为"中国卡车之都";辽宁铁岭自2009年以来已投巨资预打造年生产能力50万辆、经济规模过千亿、东三省最大的专用汽车生产基地,其重点发展方向是生产专用汽车底盘、客车及其底盘,以及各类物流运输车;山东梁山县专用汽车产业集群经历了偶然萌芽、竞相模仿、整顿治理、科学发展的几个阶段,现已被中国汽车工业协会命名为"中国挂车生产基地";广西是中国最早的以集装箱产品为主的特种车生产基地;新建的新疆特种专用车生产基地以罐式车为主要产品方向。各地政府采用多种方式手段积极鼓励发展专用汽车产业的主要原因在于:一是国内专用汽车行业处于发展上升期,市场容量和发展潜力对社会资本产生了巨大的吸引力;二是国外专用汽车产业看好中国专用汽车产业的市场前景、制造能力和低成本优势,开始向我国转移;三是专用汽车已成为多种高新技术和专用装置的载体,对相关行业具有较强的带动力;四是专用汽车产业的原料采购、产品销售具有很强的区域性,能够极强地拉动地方经济发展。我国专用汽车产业获得发展机遇、迅速扩张规模的同时,亦加剧了专用汽车产业的区域竞争。

2.1.3 产业政策取向将影响结构调整方向和行业竞争格局

近些年来,国家为汽车产业的发展营造了良好、宽松的发展环境,并做出了积极的政策导向。目前已出台产业发展、金融、消费、保险、交通安全等有关汽车服务业政策,有些行业也制定了相关的法规,这对建立健全的市场运行机制、形成有利于汽车业发展的保障体系起到了促进作用。"十一五"期间,国家将汽车作为支柱产业加以扶持;《中国汽车产业"十一五"规划》鼓励汽车产业的发展和汽车消费,使其在2010年发展成为国民经济的支柱产业,汽车工业在GDP中所占的比例由2004年的1.6%增长到2010年的2.0%~2.5%。

（1）我国汽车产业发展政策与环境

2004年，国家发布了《汽车产业发展政策》，旨在健全汽车产业的法治化管理体系，培育健康的汽车消费市场，激励汽车生产企业提高研发能力和技术创新能力，推动企业产业结构调整和重组。其把目标明确为：推进汽车产业结构调整和升级，全面提高汽车产业的国际竞争力，满足消费者对汽车产品日益增长的需求，促进汽车产业健康发展，使中国汽车产业在2010年呈现新的竞争格局。在市场竞争和宏观政策相结合的基础上，通过企业间的战略重组，实现汽车产业的结构优化和升级；鼓励汽车、摩托车生产企业开展国际合作，发挥比较优势，参与国际产业分工。《汽车产业发展政策》首次把鼓励国内企业跨入世界500强作为政策目标，国家支持汽车生产企业以资产重组方式发展大型汽车集团，以优势互补、资源共享的合作方式结成企业联盟，并鼓励企业联盟提高规模效益及产业集中度，对于在国内市场占有率达到15%以上的大型汽车企业集团将给予政策支持。

2009年初，国家发布了《汽车产业调整和振兴规划》，支持企业自主创新，实施新能源汽车战略，鼓励自创品牌和汽车出口；2009年7月1日起实施的《专用汽车和挂车生产企业及产品准入管理规则》，提高了汽车产业的准入门槛，并鼓励采用新技术和新材料。国家汽车产业政策趋向节能环保和兼并重组，这将对专用汽车产品结构调整和行业竞争格局产生重大影响。一方面，国际外部环境促使中国的排放法规日益严格，促使专汽企业加快技术革新步伐，推动传统能源专用汽车的节能减排，同时亦推动新能源专用汽车的研发生产。2012年国务院发布了《节能与新能源汽车产业发展规划（2012—2020年）》，并通过修订《汽车产业发展政策》，促进节能与新能源车进入提速发展阶段。另一方面，国务院出台《国务院关于促进企业兼并重组的意见》，鼓励和推动专用汽车企业兼并和资产重组。同时，对整车生产企业加强生产经营监管，将整车企业划分为优势企业与劣势企业，实行劣势企业退出机制。

近几年，随着汽车支柱性产业地位的确定，政府加快了汽车行业法规政策的研究和制定。《汽车产业发展政策》颁布实施后，围绕该政策的各项配套政策陆续出台。为了促进汽车产业健康发展，国家有关部门已经出台了如《二手车流通管理办法》《缺陷汽车产品召回管理条例》等相关政策法规，从生产和流通领域对汽车行业做出精细化规定，对加强中国汽车产业的整体竞争力、促进汽车市场的健康有序发展产生了深远的影响。

（2）我国专用汽车产业发展政策与环境

我国专用汽车产业经过40多年的发展，已具有一定规模，成为我国汽车工业的重要组成部分。根据国务院确定的国民经济发展目标和党的十六大提出的全面建设小康社会的指导思想，"十一五"期间乃至2020年，能源、交通、水利、电力、城市建设等基础设施建设仍是我国经济发展的重点。在国家扩大内需等政策影响下，专用汽车需求量将会越来越大，对专用汽车的各类要求标准也会越来越高。在中国加入WTO后的几年保护期内，专用汽车市场的迅猛发展为汽车企业开发更多更好的产品提供了广阔的空间。

2004年6月1日，新的《汽车产业发展政策》正式颁布实施，标志着在中国持续了十年之久的1994年版《汽车工业产业政策》完成了历史使命，标志着我国一个新的汽车时代的开始。新的产业政策将推进汽车产业结构调整和升级，全面提高汽车产业国家竞争力，推动中国汽车工业沿着更加规范、更加健康的轨道发展。

其第44条明确规定：投资生产专用汽车的项目由省级政府投资管理部门核准后报国家发展和改革委员会备案。这意味着将对专用汽车生产企业投资减少审批程序，简化审批手续；该管的管，该放的放，实现由政府管理转向市场管理，更利于专用汽车行业的发展与壮大。专用汽车企业规模较小，资本投入较少，容易吸引更多的社会资本。随着企业机制改革不断深化，民营经济的不断发展，我国专用汽车行业将迎来多元化经济全面发展的一个崭新时期。

其第27条提出：国家支持汽车、摩托车和零部件生产企业建立产品研发机构，形成产品创新能力和自主开发能力，自主开发可采取自行开发、联合开发、委托开发等各种形式。目前，我国多数专用汽车企业技术力量薄弱，产品研发能力落后，尚处于低水平重复生产的初级阶段。与经济发达国家相比，我国专用汽车品种贫乏、产品水平低下，许多高端产品还得依赖进口。因此，我国专用汽车企业必须在形成产品创新能力和自主开发能力两方面进行更大的投入。

相关法规、管理政策的出台将对企业的生存和发展产生重大影响，为了平稳过渡，必须未雨绸缪，及早应对。在目前形势下，专用汽车行业朝着规范化方向发展的趋势是不会变的；从长远来看，这些政策、法规对行业健康发展是有益的。

2.1.4 政策环境为随州专用汽车产业跨越式发展提供保障

"十二五"时期，西部大开发、振兴东北老工业基地、新农村建设、"汽车下乡"、传统制造业转型升级等都为随州专用汽车产业提供了历史上难得的发展机遇。国家继续实施扩大内需的战略政策，大力发展高速铁路和公路，重点建设基础设施和能源开采项目，深入实施中部崛起和西部大开发战略；湖北省委省政府实施"两圈一带"战略；武汉城市圈"两型社会"建设实验区以及产业资本双向转移加快等；尤其是湖北省人民政府和中国机械工业联合会共建"中国专用汽车之都"的契机，将随州专用汽车产业发展提升到湖北省经济建设的战略层面，明确提出全力支持随州打造千亿元汽车产业集群，建设名副其实的国内一流、国际知名的"中国专用汽车之都"。这些政策环境优势必将进一步推动随州专用汽车产业的蓬勃发展。

2.2 "十二五"时期随州专用汽车产业发展的省内环境

2.2.1 汽车产业分工明确，但协作联动仍有待加强

湖北省是我国传统的汽车产业大省，由武汉、随州、襄阳、十堰组成的"湖北汽车长廊"闻名全国（图2-8）。武汉是我国内陆的市场中心，有极强的市场集散功能和广泛的经济辐射作用；十堰已发展成为我国最大的载货汽车生产基地和具有较大影响力的商用汽车、汽车零部件生产基地之一；襄阳不仅是东风商用车和乘用车重要的制造基地，也是我国汽车动力和汽车零部件的制造基地；作为"中国专用汽车之都"的随州，其专用汽车产业是这条"汽车长廊"上的一颗明珠。湖北省汽车产业集群已初步形成，汽车产业链也比较完整。

同时必须认识到，虽然湖北汽车长廊产业集群分工较为明确，但上、中、下游之间的联系不够紧密，未能建立完全意义上的专业分工与协作的关系；虽然湖北汽车长廊已经形成完整的自我配套加工体系，但根据用户要求提供成套解决方案的系统集成能力不强；缺乏核心技术的现象较为普遍，产、学、研联合的长效互动机制尚未形成。

图 2-8 武汉—随州—襄阳—十堰"湖北汽车长廊"

2.2.2 专用汽车品类齐全，但各地特色仍有待突出

汉、随、襄、十四地都涉及专用汽车制造领域，产品涵盖厢式汽车、罐式汽车、专用自卸车、起重举升车、仓栅式汽车、特种结构汽车六大类（图 2-9）。四地都以罐式汽车与专用自卸汽车生产厂家的数量居多。

（1）随州是中国最大的罐式汽车生产基地，在国内市场占有率达 40% 以上，比较优势明显。

（2）十堰的专用自卸车厂家众多，优势最为显著。

（3）仓栅式汽车细分种类全覆盖，四地发展较为均衡，各地优势不明显。

（4）特种结构汽车生产种类均偏少，发展空间较大。

（5）起重举升车由于技术等方面的影响，普遍偏弱。

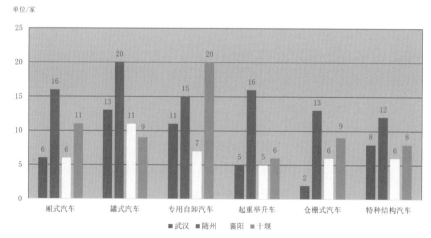

图 2-9 汉、随、襄、十四地专用汽车种类统计
注：统计数据来自课题组调研。

2.2.3 零部件配套能力强，但上装部分亟待提升

汽车零部件分传动系、行驶系、转向系、制动系、汽车上装五个系别，汉、随、襄、十均有所涉及（图2-10）。四地比较，襄阳零部件生产实力突出，该市从事整车和零部件研发、试验和制造的企业逾200家，已成为东风汽车公司轻型商用车、中高档乘用车等整车和关键零部件及总成的主要生产基地。

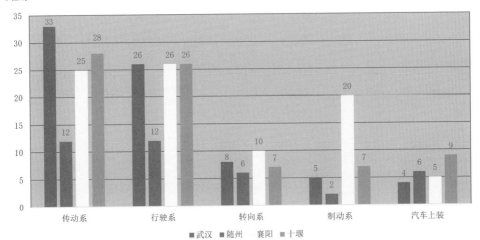

图2-10 汉、随、襄、十四地零部件生产厂家数量统计
注：统计数据来自课题组调研。

（1）就五类汽车零部件而言，四地传动系与行驶系零部件生产厂家均较多。

（2）十堰的汽车零部件生产厂家主要集中生产传动系和行驶系，转向系和制动系零部件生产厂家偏少。

（3）武汉则有60家企业为神龙汽车有限公司配套，产品达600余种，但主要应用于乘用车。

（4）随州汽车零部件生产主要集中在车桥等铸造件方面，传动系和行驶系零部件还具备部分产能。

（5）在供应随州专用汽车配套的上装零部件方面，四地汽车零部件生产实力薄弱。

2.3 机遇面前的随州专用汽车产业发展优势

"十二五"时期，随州专用汽车产业面临工业化、信息化、城镇化、市场化、国际化深入发展的新形势和新任务。汽车产业作为随州第一大经济支柱产业，其主导地位在较长时期内不会改变。

2.3.1 汽车文化积淀厚重，产业氛围良好

几十年来形成的汽车文化已深深地根植于随州人心中，融入随州社会生活的方方面面。汽车历史文化的积淀，培植了肥沃的土壤，营造了浓厚的氛围，形成了随州人割舍不断的汽车情结。

2.3.2 专用汽车资源聚集，产业配套齐全

100多家汽车及零部件生产企业，200多家注册专业销售公司，8000余名营销人员遍布全国各地；产业配套齐全，上下游产业链较为完整；拥有全国最为完备的专用汽车产品生产体系，涵盖了专用汽车的各种类型，为客户提供了充分的选择空间。2010年12月16日，中国机械工业联合会与湖北省人民政府签署共建"中国专用汽车之都"协议，省部联手科学合理引导专用汽车产业资源向随州聚集，奠定了随州专用汽车产业集聚的新优势。

2.3.3 区位交通市场人才，产业环境优越

随州地处汉、随、襄、十汽车工业走廊的中间，是湖北汽车长廊的重要节点：4条铁路、3条高速公路、3条

国道贯穿全境，交通便捷，得天独厚；市场发育成熟，市场网络覆盖全国；专技人才丰富，储备充足；校企合作模式多样，广泛借智借力，为企业发展提供人才和技术支撑。

2.3.4 新兴城市亟待发展，产业成本浓缩

随州是一座年轻的城市，汇率、劳动力成本、运输成本、原材料成本、库存成本、固定设备成本、经常性开支和税收等因素综合发挥作用，使随州专用汽车和零部件的制造与装配总体成本得以浓缩，价格优势明显。在今后相当长的时期内，随州专用汽车产业仍具备一定的制造成本优势。

历史经验表明，大危机、大挑战、大变局中往往也蕴藏着发展的大机遇。应看到随州专用汽车产业目前正处在扩大规模和提高质效的爬坡上行阶段，既要稳步实现汽车产业的总量扩张，又要兼顾产业结构的合理调整；看到已有优势时要居安思危、未雨绸缪，面对不利环境时要善于化危为机、变不利为动力；抓住机遇主动出击，促进随州专用汽车产业跨越式发展。

3 国内外专用汽车发展状况

3.1 国内外专用汽车产业现状

3.1.1 国外专用汽车产业现状

（1）日本

日本专用汽车的行业分类与我国有一定的区别，它主要分为六大类，即通用厢式车、专门运输车、冷藏车、土建用车、环保用车、不同用途的服务用车，每一大类中又分为若干小类，各大汽车公司和专用汽车厂家也有各自分类（详见附录一：日本专用汽车介绍）。

日本专用汽车生产企业特点如下：

① 企业发展历史悠久，一般企业发展史均在40年以上。

② 企业规模两极分化，大型专用汽车企业以运输类产品为主，员工较多，品种多，有多家制造分公司，每家分公司均有1~2种主打产品，如新明和公司有佐野工场（大型自卸车、搅拌车、粉罐车为主）、湘南工场（小型卡车为主）、广岛工场（环卫车为主）、宝冢工场、小野工场等六家分公司。小型企业仅有几十人，产品结构单一，产量在几辆至上百辆之间。

③ 注重产品技术开发，技术人员占公司总员工数比例较大（详见附录二：日本专用汽车企业介绍）。

（2）美国

目前美国专用汽车市场主要包括重卡、房车、工程设备等特种车，以及发动机和零配件。重卡市场由"八大金刚"主导，分别是：戴姆勒－克莱斯勒的弗莱特林那（Freightliner）公司（32%）及其旗下的斯特林（Sterling）公司和西星（Western Star）公司、帕卡公司旗下的肯沃思（Ken worth）公司（11%）和彼得比尔特（Peter bilt）公司（10%）、万国（International）卡车公司（20%）、来自欧洲的沃尔沃（Volvo）公司及旗下的麦克（Mack）重型货车公司等。房车市场基本都是专而强的企业，如 Coachmen-RV 集团（全美最顶尖级的房车制造商）、Jayco 房车有限公司（北美最大的私人所有的房车生产企业）、Monaco 房车公司、Fleetwood 房车集团等主导。工程设备专用车以及发动机、底盘和其他零配件市场基本上是由大而全的企业主导，如特雷克斯公司、卡特彼勒公司、奥什科什公司等（详见附录三：美国专用汽车企业介绍）。

（3）德国

德国的专用汽车行业主要是由世界上最大的专用车制造商之一、欧洲排名第一的 Schmitz 公司主导，其冷藏车产品在整个欧洲的市场份额超过 56%，是全球最早将生态学概念引入专用车生产领域的专用车生产公司，也是全球首家实现冷藏车制造过程无氟发泡的专用车制造商。另外还有德国 MAN 集团、德国奔驰、德国大众、德国索埃勒特种车辆有限公司等，车型仍然是以重型卡车为主，还有其他多种专用车（详见附录四：德国专用汽车企业介绍）。

（4）英国

英国专用汽车生产行业的一个普遍现象是厂家多，规模小。英国专营和兼营专用汽车的厂家有 600—700 家，其中 70% 的工厂职工人数在 30 人以下。

3.1.2 国内专用汽车产业现状

据统计，1999 年全国专用汽车生产厂家 546 家，2009 年专用汽车企业为 800 余家；我国专用汽车的市场份额占全部载货车的 40%，与发达国家专用汽车 65% 以上的市场份额相比，仍有很大差距，意味着我国专用汽车市场具有很大上升潜力。国内专用汽车市场开发较为缓慢，市场细分程度不够，产品雷同性大，不能满足用户的个性化要求。另外，与国外产品在生产工艺、环节、硬件方面的差距正明显缩小，但在生产工艺管理、要求及执行度方面差距较大。因此，无论从国内还是从国际市场形势来看，我国专用汽车都还有巨大的提升空间。

（1）专用汽车盈利增长空间难辟

实施汽车消费刺激计划以来，乘用车销售火爆异常，吸引了资本市场的众多目光和资金投入；而作为小众市场的专用汽车，在资本市场上并不引人注目甚至会被忽视。同时，专用汽车品种多，单个品种销售规模有限，市场竞争激烈，利润空间并不大，基本保持在10%左右。而且，经历了自2003年以来的高速增长和金融危机后，专用汽车未来增长的幅度也比较有限。

（2）上市公司成行业主力军

在军用改装车基础上发展起来的专汽行业，经过40多年的发展，已成为我国汽车工业的重要组成部分，分布较为集中的省市有江苏、湖北、山东、广东、北京、安徽等。目前，上市公司中有专用汽车业务的公司不仅包括中集集团、北汽福田、星马股份、迪马股份、三一重工、中联重科、航天晨光、东安黑豹等专业制造公司，还有东风汽车、中国重汽等依托自身重卡业务发展起来的上市公司。其中，国内专用汽车细分领域龙头主要有中集、星马、上海华建（未上市）等。中集集团是中国专用汽车行业龙头企业，已经成为全球最大的专用汽车制造公司，年产规模可达20万辆。

上市公司借助资本市场平台，加强了专用汽车领域的整合。如中集集团通过不断兼并收购将自身打造成全球最大的专用车生产企业；星马汽车近期将华菱汽车纳入上市公司，直接解决了汽车底盘问题；航天晨光有望成为航天科工集团旗下整合特种车和汽车发动机两大产业的平台，打通特种车的上下链条；东安黑豹有望成为航天工业集团特种车的整合平台。

（3）行业利润率普遍不高

目前，专用汽车生产厂家众多，行业资质良莠不齐，一些低附加值的专用汽车利润非常低，甚至每辆改装下来仅能赚几百元，但是部分附加值高的专用汽车毛利率也很高，如高空作业车和特种结构车等。一般而言，专用汽车的利润率并不高，仅在10%左右。以2009年为例，中集集团专用汽车毛利率为10.71%，星马汽车毛利率为9.81%，三环股份毛利率只有8.38%，迪马股份以生产运钞车为主，产品毛利率为22.67%。

行业毛利率不高，与行业上游相关部件和原材料的价格起伏有很大关系。专用汽车的上游行业主要有汽车底盘、汽车油漆、车桥、钢材、轮胎等，专用汽车的关键重要部件为汽车底盘，行业内的汽车底盘主要由大型汽车生产企业提供；专用汽车最主要的原材料为钢材，专用汽车行业受钢材的供应和价格影响较大。同时，全国专用汽车生产企业众多，特别是部分企业在生产资质不具备的情况下就开始生产制造，在低端市场大打价格战，造成附加值不高的专用汽车利润逐渐下滑。

（4）特种车行业分散

特种车的客户主要是有着特定需求的企业，面对客户的专门需求，不能大规模批量化生产，只能是小规模的车间生产，因此很多小作坊存活于这个行业。行业内的生产商鱼龙混杂，随州市3000多家相关企业中，有规模的仅有300多家。有观点认为，正是这些小作坊压低了行业的毛利率。它们得以存活的一个重要原因是"机制的灵活性"，也就是在进价和售价方面可以灵活处理，比如给采购员让利。

这种行业现状产生的更深层原因在于特种车市场不成熟、不规范。从进入门槛来看，技术和资金的要求很低，只要能够做出客户所需的东西，就有可能生存下去。业内人士表示，只要有底盘和相关的零配件，就能够进行生产，满足客户需求；生产商最关键的资源是订单，客户的议价能力因此也比较高。低毛利和议价能力差的现状，也使得某些公司不太愿意重点经营相关业务的资产。

3.1.3　国内优势汽车集团现状

（1）中联重科

长沙中联重工科技股份有限公司（以下简称中联重科）创建于1992年，是一家高科技上市公司，是中国工程机械装备制造的领军企业、全国首批创新型企业之一，主要从事建筑工程、能源工程、交通工程等国家重点基础设施建设工程所需重大高科技装备的研发制造。其注册资本为19.71亿元，在不到20年的时间里以平均每年60%以上的增长速度滚动式超常发展，成为总资产278亿元、员工21000多名的全球化企业，跻身中国企业500强、全球工程机械50强之列。

中联重科走的是一条创新之路。在技术方面，与中航锂电战略合作，联合开发新能源环卫专用汽车。首先，中联重科建立了科研经费供给机制，在经费上给予技术系统极大支持，将企业技术中心建设与运行费用列入企业年度核算。中联重科在创业之初的20世纪90年代，企业规模小，科研投入达到30%以上；在现有规模下，研发投入仍达销售收入的5%以上，近三年来科研投入达10多亿元。其次，中联重科建立了技术创新评价机制，形成了由决策、研发和成果转化三个子系统组成的技术创新体系，打破了原有的固化的技术职称评定标准，推行技术职称"评聘分开"、课题项目直接面向市场选取、

"英雄不问资历"，科研人员只要有能力就可以申请课题、最后以市场效果检验创新成果成败等措施。实践表明，这样的机制更能有效应用创新资源，提高技术人员的积极性。同时，中联重科完善了技术系统分配机制。目前，中联重科已建立了国家级技术中心，承担了国家技术中心创新能力专项建设项目，并组建了企业国家重点实验室，全方位推进共性技术、基础性技术、专业产品、工艺技术的研发，使技术创新体系内部既各有侧重又互相依托，既保证现有产品技术的更新换代，又使基础技术和战略储备技术有更前瞻性的研究。可以说，自主创新为中联重科的持续快速发展注入了不竭动力。循着"科技产业化、产业科技化"的路径，中联重科以超常规的发展奠定了行业领先企业的地位，而且正以开放创新的姿态迈向国际化。未来五年内，中联重科的战略目标是实现全方位的国际化：40%的产品以自主品牌销往海外，用5~10年的时间挺进全球工程机械前十强。

在企业体制方面，健全的体制是企业有竞争力的根本保障。创新企业体制，其核心意义在于建立一个有利于企业长远发展的治理结构。1999年，中联重科完成了股份制改造，2000年10月在深交所挂牌上市。股份制改造为中联重科治理结构的完善和公司内部的科学管理铺平了道路。2001年，中联重科整体收购英国保路捷公司；2002年，承债式兼并湖南机床厂；2003年，重组并购原浦沅集团，创造了中国工程机械行业最大手笔的重组并购案例；2008年4月，收购陕西新黄工机械有限责任公司。这些涉及不同产业领域、产权主体甚至国家的并购，突破了体制的重重障碍，取得了见效快、改制过渡平稳的经济和社会双重效益，被誉为重组并购的"中联模式"。2006年，中联重科顺利完成股权分置改革，以股权多元化和相互制衡为原则，引入战略投资者，形成相对集中又相互制衡的股权机构，进一步完善了公司法人治理结构，形成点、线、面层次分明的公司管理架构，一个与国际接轨的现代公司治理结构呈现在公众面前。目前，中联重科已按国际标准对董事会进行改选。七名董事会成员中，大股东仅派出一名董事，独立董事占到四席。这不仅在全国工程机械行业绝无仅有，在中国所有上市公司中也处于领先地位，是上市公司治理与国际接轨的大胆尝试。体制的创新，为企业的长远发展提供了良好的基础，而企业又好又快地发展，需要在此基础上建立激励约束机制，进行科学管理，实现体制与机制的协同。脱胎于科研院所，最终发展成为与国际接轨的现代企业的中联重科，对于用机制创新来解放科技生产力的巨大价值深有体会。因此在机制创新方面，它花了很大精力，也取得了很好的成效。

在制造成本方面，通过将国内制造低成本优势与国外技术领先的优势整合互补，产生"里应外合"的呼应效果；在销售网络方面，形成中联以国内市场为主、CIFA以欧美为主、国内市场与国外市场互补的格局；在品牌方面，双品牌可以满足不同层次客户的需求；在采购成本方面，增加了采购谈判议价能力，扩大的采购规模也进一步降低了成本；在产品技术方面，CIFA提高了中联重科的技术水平和核心竞争力；在产品制造方面，中联重科的巨大产能可促进CIFA规模和利润的同步增长。表3-1为中联重科创新策略的简单介绍。

表3-1 中联重科创新策略简介

创新层面	策略
制度创新	①研究院的体制阻碍科技成果转化——科技产业化 ②新生的中联受旧体制的同化——流程再造 ③国内市场日趋高涨——与国际全方位接轨，并购国内外优势企业 ④企业规模成倍增长——导入信任管理理念
设计创新	①在经费上给予技术系统极大支持，将企业技术中心建设与运行费用列入企业年度核算 ②创业之初，科研投入达到30%以上；在现有规模下，研发投入仍达销售收入的5%以上，2007—2009年科研投入达10多亿元
技术创新	①科研经费供给机制 ②技术创新评价机制 ③建立国家级技术中心和企业国家重点实验室 ④完善了技术系统分配机制 ⑤发展新能源、绿色节能专用车 ⑥并购国际优势企业，促进先进技术的发展应用
服务创新	提供成套服务（设备的成套＋服务的成套）——在客户购买设备的同时输出一些劳务人员
品牌创新	走国际化路线，并购国际一线品牌CIFA，实现双品牌经营，把握优势资源的同时，满足不同层次客户的需求

（2）三一重工

三一重工是全球工程机械制造商50强之一、全球最大的混凝土机械制造商、中国企业500强之一、工程机械行业综合效益和竞争力最强企业、福布斯"中国顶尖企业"之一，以及中国最具成长力自主品牌、中国最具竞争力品牌、中国工程机械行业标志性品牌、亚洲品牌500强企业之一。三一重工秉承"品质改变世界"的经营理念，将销售收入的5%~7%用于研发；拥有国家级技术开发中心和博士后流动工作站，拥有授权有效专利536项和近百项核心技术，"三一重工工程机械技术创新平台建设"荣获国家科技进步二等奖；"三一重工"被认定为中国驰名商标、全国"免检产品"、中国名牌产品等。

三一集团的前身是梁稳根等人于1989年创办的湖南省涟源市焊接材料厂。1991年9月，该厂更名为湖南省三一集团有限公司，其核心企业为三一重工；1994年，三一集团涉足工程机械领域。在三一集团进入混凝土施工机械行业之前，国内市场基本被实力雄厚的外国公司占据。例如1991年，90%的混凝土拖泵国内市场被德国大象（Putzmeister）等公司垄断。2000年，三一集团的主导产品拖泵与泵车国内市场占有率均达42%（数据来源：中国工程机械协会统计数据，下同），占据国内市场冠军宝座（到2008年都一直保持国内市场占有率第一的地位）。到2008年，三一集团已全面进入工程机械制造领域，主导产品为建筑工程机械、路面机械、挖掘机械、桩工机械、履带起重机械、非开挖施工设备、港口机械、煤炭机械等全系列产品。

三一重工的创新发展历经两个阶段。在第一阶段，三一集团选择了差异化的战略创新方式，走出了一条非常规的创新路线——从零开始用通用的机械原理做研发。这一利基战略为从未涉足工程机械的三一集团创造了盈利的基础，其实施的关键在于技术突破。这确定了三一重工下一步工作的着力点。对遭遇技术困境的中国企业而言，利用通用科学原理进行自主创新是一条可以考虑的道路。例如，中国蓝星公司并购江西星火化工厂时，通用化学工程的资深专家刘宪秋率领的技术攻关团队，在半年时间内解决了有机硅装置的技术问题，并且一次试车成功，结束了江西星火化工厂开车28次未成功的历史。这与三一重工的技术研发路线与方法有着异曲同工之妙。在第二阶段，服务被看作产品营销的重要组成部分，由产品和服务构成的完整解决方案形成了三一重工的新型竞争战略。实际上，在市场竞争日趋激烈的背景下，制造企业将价值链由以加工制造为中心向以服务为中心转变是可行之道，三一重工是中国制造业服务化理念的先行者。三一重工始终坚持技术创新，不仅将其用于新产品开发，还用于高质量服务的提供上，让技术成为同时支撑产品和服务的重要力量（表3-2）。

三一重工坚持战略指导下的三位一体（观念、技术、服务）创新模式，其中战略指导前进的方向，规定了观念、技术、服务等创新的方向和范围；观念创新是先导，它承载着战略使命，又为技术和服务创新提供精神动力；技术与服务创新是价值提升的内容和基础，既为用户创造价值，又要与对手竞争。这种三位一体的创新模式，不仅使三一重工牢牢地巩固了自身在国内市场的地位，而且有资源和能力去海外建厂、设立研发中心，进军全球市场。

表 3-2　三一重工创新策略介绍

方面	第一阶段（1994—2000 年）	第二阶段（2000—2008 年）
战略创新	进入工程机械行业，选择品质好、拥有核心技术、价格适中的利基市场	将"研发和服务"作为三一重工的两大核心竞争力
观念创新	不怕技术壁垒，敢于打破引进、消化、吸收的"路径依赖症"	重视服务战略，颠覆了工程机械行业的"行规"；服务模式向"管家式"转变，向主动式服务转变，满足客户整体要求
技术创新	抛开模仿国外产品设计的常规路径，从零开始用通用的机械原理做研发	深耕智能控制、材料技术、液压控制核心技术，集成现有全部先进背景技术，形成自主知识产权的技术；以最少的投入、最高的质量满足客户的全方位需求。在泵送方面，新一代动态节能模式拥有"全功率自动适应节能技术、高效节能液压技术、冷却系统节能技术"三大核心节能技术，使泵送产品平均节油 20%
体制创新	企业技术创新组织结构和管理机制涉及不多	通过不断完善企业技术创新组织结构和管理机制，逐步形成"以机制促进创新、以投入保障创新、以合作带动创新、以专利保护创新、以创新推动进步"和"研发一代、储备一代、生产一代"的局面
服务创新	——	以信息化、数字化等手段实现服务方式的创新

3.2 我国专用汽车产业发展的主要问题

3.2.1 我国专用汽车行业的主要问题

（1）生产"散、乱、差"、企业"小而全"的问题突出

目前，我国的专用汽车企业约有 800 家，其中大多数为外购底盘进行改装生产的中小型企业，机械化程度低，手工作坊式多，存在着规模小、开发能力弱、工艺水平和生产效率低下、产品质量参差不齐和企业盈利能力差等问题。由于产量小，难以实现经济规模与品牌效应，企业的

经济效益大多较差。个别车型受到行业的部分保护，如消防车在公安系统、医疗卫生车在卫生系统、油田车在石油系统等，一些民企、外企进入这些领域还有一定阻力，不利于市场充分竞争，也不利于产品质量提高、技术进步。同时，专用汽车市场还有待进一步规范、整顿，非法拼装、借壳上市、买卖产品合格证现象时有发生。虽然发改委已经取消了部分专用汽车企业的生产资质，但力度还不够大，退出机制还有待进一步完善。因此，要加快优胜劣汰，使劣势产品退出市场，进一步为优势产品提供市场空间，这也有利于专用汽车行业整体发展水平的快速提升。总体来说，"散、乱、差""小而全"这些遗留问题还将在以后相当长的时间内存在。

（2）低水平重复建设和资源浪费现象严重

我国经济的快速发展拉动了社会对专用汽车的强劲需求，专用汽车市场前景乐观，吸引了大量资本的投入。行业内优势企业在完成一定的资本积累后，纷纷投资扩产，行业外资本也通过股权收购等方式借壳进入专用汽车市场，建设新的专用汽车生产基地；与此同时，没有公告的违规企业越来越多，导致恶性竞争日益激烈。新建专用汽车项目普遍存在规模小、附加值低、技术门槛低等特点，它们热衷于运输类专用汽车制造领域，而对综合要求更高的作业类专用汽车不够重视，造成低水平重复建设和资源浪费现象严重。

（3）国内专用汽车技术的开发能力有待加强

我国专用汽车企业与基型车、乘用车企业相比规模较小，技术力量薄弱，研发资金相对较少。企业大多重视基型车及乘用车的开发而轻视专用汽车的研发。由于大多数专用汽车品种市场容量小，开发投入回收期长，企业的开发投入也受到制约。

● 现有专用汽车产品技术水平相对落后。

● 质量利用系数低，同类型、同吨位车比国外重20%—30%。

● 专用功能满足度比国外同类产品落后5—10年。

● 人机工程应用不充分，适应性能不强，高技术采用较少。

（4）受相关行业发展水平的制约

我国专用汽车专用装置的关键件整体水平不高，如液压件、泵类、阀类、控制仪表等现在还未达到较高的技术水平，因此制约了高水平专用汽车的开发与生产。

（5）专用汽车产品结构不合理

国内有关资料介绍，发达国家专用载货车产量占载货类车总产量的50%以上，而我国仅占20%多。目前，我国专用汽车重、中、轻吨位构成比例大约为2∶5∶3，在长途运输中唱主角的是中吨位专用汽车，与较合理的结构水平（3∶4∶3）相比，存在较大差距。

公路货运专用汽车向重型化的发展从 20 世纪 60 年代就已经开始，1977 年日本汽车平均载货量已达 12 吨，20 世纪 80 年代苏联厢式汽车平均载货量达 13.5 吨，90 年代国外公路运输中的专用汽车绝大部分是重型汽车。

（6）专用汽车品种不够丰富

专用汽车是一种高效率的运输作业工具，它必然随着社会经济的发展而发展。发达国家专用汽车的品种达 5000~6000 种，其产量占载货汽车总产量的 50% 以上，美国达 70%，专用汽车运输占公路货运量的比例一般在 70% 以上。而我国专用汽车的品种至今仍不足 1400 种，占载货汽车产量的比例也仅有 21.2%，与发达国家相比差距明显。对于那些适用于高速公路运输、城市建设、市政管理、建筑施工、机场、油田以及高等级公路管理等领域的专用汽车，我国的产品开发和生产能力尚显薄弱。

3.2.2 我国专用汽车产品的主要问题

（1）高科技产品及高技术关键件仍需进口

我国专用汽车在产量上已具有相当大的规模，但大多为劳动密集型的中低技术含量产品，如半挂车、自卸车等。专用汽车零部件并没有与专用汽车同步发展，专用汽车零部件难寻的现象相当普遍，一些技术含量较高的产品及关键零部件仍需进口。很多企业在迫不得已的情况下自己生产所需零部件，但是由于专业程度不足，性能、外观等都很难达到要求，有时甚至影响整车的整体性能。

（2）国内专用汽车底盘较为缺乏

特种专用汽车底盘技术也亟待发展。专用汽车有着不同于普通载货车的特点，但我国专用汽车的发展过度依赖普通货车底盘。目前国内生产的各类专用汽车中，80% 以上是在普通载货车底盘的基础上改装而成的，工程类特种车底盘还严重依赖进口。尽管国产专用汽车底盘相比以往有了较大的进步，但是性能的不稳定造成其作业过程中的不可靠，大多国内用户宁愿选择高价进口底盘。目前国内除部分起重汽车为专用底盘外（如泰安、徐工产品），大多数专用汽车使用载货车底盘改装，这就使一些车型的装载质量小，车辆适应性、经济性欠佳，平顺性差。例如，目前我国清障车全部用二类载货底盘改装，而这类底盘轴荷分布是按货车设计的，与清障车托举作业时要求的轴荷分布不同，采用一般二类载货车底盘改装的清障车往往会出现清障的总质量小于其最大总质量时，后轴已超载的问题。

2009年，仅中联重科一家就花费了约30亿元用于购买奔驰混凝土搅拌车底盘，全国几百家专用汽车厂一年花在进口底盘上的金额更是惊人。因此，我国专用汽车行业要想取得更大的进步，一定要拥有自主的零部件和底盘生产技术。

（3）国内对科技含量高的产品缺乏自主开发能力

由于专用汽车的生产批量大多较小（挂车、自卸车、厢式货车等除外），开发新产品投入又较大，企业在技术上投入不足，资金上缺乏，大多为仿造国外车型，个别车型为引进国外产品的关键技术、关键件。同时，国内一些大的汽车生产厂在产品技术和资金投入上，也存在重基型车、轿车、客车而轻专用汽车的现象。专用汽车是具有发展潜力的车型领域之一，对此国内企业必须加以重视，加大研发及资金投入力度。

3.3 专用汽车产业的发展趋势

3.3.1 国外专用汽车及产品的发展趋势

（1）专用汽车重型化

近年来，国外专用汽车的产量明显以重型居多，其原因主要是重型专用汽车经济效益好，功率大、强度高，有中、小型专用汽车无法替代的优点。随着物流的庞大和公路的高级化，以及特殊作业的需要，重型专用汽车在国外得到迅速发展。如德国的散装水泥车吨位均在15吨以上；比利时莫尔（Mol）公司近年花费相当大的人力、物力从事50~70吨的大型挂车用牵引车的研究和生产，比利时的大型粉罐车业已进行系列化生产，装载容积为30~60立方米。

（2）散装水泥车列车化

为了提高散装水泥车的卸料能力，国外进行了卓有成效的流态化元件研究，使卸料速度达到1.5~1.8吨/分（国产散装水泥车性能指标是1.0~1.3吨/分）。为提高远距离散运经济效益，散装水泥车的列车化将成为今后的发展趋势。据报道，澳大利亚的公路运输已普遍使用拖带双节挂车甚至三节挂车的汽车列车（图 3-1）。1994 年，澳大利亚一家挂车制造厂使用麦克（MAcK）8×4 牵引车，拖挂 29 节挂车，列车总长 429 米，有效载重量 500 吨，发动机功率 3675 千瓦，每节挂车均为三轴式，即双轴结构前转向架和三联式后轴。

图 3-1　双节与多节挂车汽车列车

（3）一车多用化

为提高专用汽车的适应性，满足各种特殊需要，有趋势表明国外正在谋求专用汽车的一车多用化，使专用汽车功能由单一向多功能发展。如 1990 年日本昭和飞机公司推出了多用途厢式专用汽车。该车车厢为二重结构设计，装备了散装货物用的传送带，既能用于一般货运，又可运输散装物料。

（4）底盘专业化

日本丰田等大汽车公司的专用底盘均已实现系列化、专业化生产。近年来，国外不少汽车厂专门从事专用汽车底盘生产，尤其重视专用底盘的系列化、专业化生产，满足专用汽车的特殊需要。

（5）混合动力技术的应用与推广

美国政府更为青睐清洁交通运输，因为清洁技术不仅能够解决长期以来能源安全以及环境可持续性的需求，而且还能成为经济复苏和经济发展的引擎。目前，由美国电力研究协会（EPRI）赞助和组织，由福特、Eato 以及里卡多公司共同研发的插电式混合动力（PHEV）技术样车已经面世，这个项目旨在解决专用车能源动力方面的需求。应用PHEV 技术，在车辆推进时可尽可能减少矿物燃油的使用，同时其被证明具有大幅节约燃油的潜力，为改善当地环境，营造高效、清洁、低噪声的工作环境提供了基础。目前，这个项目的应用焦点定于美国全国范围内许多电力公司运行的故障修理车（图 3-2）。其总体的燃油节约水平与传统动力驱动的车辆相比，将高达 70%。而目前已经推广的并联式混合动力车亦能达到 30% 的燃油节约水平。2010 年初，奥巴马为车辆电气化设定了宏伟目标："2015 年前，我们将在美国道路上投放 100 万辆插电式混合动力车。"

图 3-2　美国采用插电式混合动力技术的电力故障修理车

（6）新材料、新技术和微电脑的应用

近年来，国外专用汽车厂家逐步重视新材料、新技术在专用汽车上的应用，如采用GRP（玻璃纤维增强塑料）替代金属材料制造冷藏车厢体，它具有强度高、质量轻、寿命长等优点，应用日趋广泛。在国外，微电脑的应用正渗透到所有产业领域，专用汽车也不例外。微电脑已广泛用于发动机控制、自动变速、专用装置动力传递、电器故障诊断等方面，使专用汽车的使用价值逐渐扩大、技术性能明显提高。

3.3.2　我国专用汽车行业的发展趋势

金融危机虽然对我国专用汽车的发展造成了一定的冲击，但社会对专用汽车的整体需求量依然随着经济发展的速度不断增加，对专用汽车行业、企业乃至产品的质量要求也不断地提高标准，迫切需要建立以专用汽车为龙头，带动底盘、零部件和服务业全面发展的产业体系。

（1）高技术、高附加值发展

随着国民经济总量构成的变化，市场将相应改变对专用汽车品种的需求格局。普通自卸汽车需求量将会随基础设施的不断完善而逐渐减少，厢式车、半挂车以及用于城市配套服务车辆的需求量将大大增加。随着市场竞争趋势的加剧、产品成本的增加，劳动密集型产品以价格取胜的竞争优势将被进一步弱化，以技术创新的替代性经济增长将成为专用汽车行业新的经济增长方式。此外，市场对高技术、高附加值产品的需求将大大增加。这种趋势将提高专用汽车企业开发高技术、高附加值产品的积极性。

（2）从低效粗放型向高效集约型发展

传统专用汽车产业低效粗放型的经济增长方式，将在能源、资源短缺和人力资源价格上涨等因素影响下，逐渐失去发展动力。基于我国现阶段专用汽车产业是劳动密集型产业的现状，在国家经济转型大环境下，专用汽车企业必须提高效率，加大研发投入，从低效粗放、以量取胜的生产方式向高技术、集约型的生产方式转变，以质取胜。

（3）合资合作、资产重组、产业集团化发展

我国现有的专用汽车以及零配件生产厂家多而杂，其产品主要集中在运输类专用汽车上。同质化产品在国内竞争中越来越激烈，价格战也成为没有选择的选择，从而导致市场混乱，产品质量良莠不齐，买卖双方两败俱伤。从国际市场形势来看，国外发达国家因受劳动力价格及经济低迷状况的制约，近年来，制造业纷纷外移，给我国专用汽车进入国外市场提供了机遇。一方面，国内专用汽车靠其价格优势在欧、美、日、东南亚和中东市场不断增加市场份额，为国内专用汽车进入国际市场奠定了良好的基础；另一方面，国外专用汽车企业为寻求新的经济增长点，将会积极开拓国内市场，在中高端产品方面占据绝对优势，通过合资合作，对促进我国高附加值产品的开发起到一定的积极作用。同时，随着政府加大对国有企业的改革力度，专用汽车行业民营化率将会提高到 80% 以上，企业综合竞争力将进一步增强。所以，联合发展产业集团化并形成专业化分工，才能在竞争中立足。

（4）生产模式特色化、产品专业化

国内专用汽车生产企业一般分为运输类和作业类两种模式，部分运输类企业有少量作业类产品。运输类企业针对国内小批量、个性强的产品用户，成立应变能力强、有特色的新型现代化生产企业。专用汽车的特色即是"专"，提高专用汽车的科技含量和附加值，透彻剖析其领域和用户群体，真正做到专业特色，实现单一品种的系列化、专业化，也是专用汽车产品或企业发展的道路之一。在欧、美、日等专用汽车产品高度发达的国家和地区，专用汽车细分生产企业规模不一定大，但在某一领域一定研究得非常透彻，如罐式车生产企业 HEIL 公司等。

（5）区域化的产业集中趋势

国家鼓励优势企业强强联合，形成有较强综合竞争力的规模企业。这一政策将推动行业优势资源进行重新配置，让有实力的企业进一步整合行业产品结构，提高专用汽车产品行业生产集中度。

（6）行业管理的科学化趋势

我国汽车管理政策正处于转型期，现行的汽车产品管理制度不尽完善，政府部门分工过细，行政手续比较复杂，在一定程度上制约了专用汽车行业的发展。因此，国内汽车管理政策将会继续调整和完善，并逐步向科学化迈进。如日本专用汽车生产企业，在新产品开发阶段依照日本保安基准，设计完成后向日本国土交通管理部门申报，申报批准后新产品符合道路交通法即可运行。

3.3.3 我国专用汽车产品的发展趋势

随着我国公路建设、城市发展、能源消耗结构变化、重点工程建设速度加快，专用汽车的市场前景将会越来越广阔，产品的档次和技术水平将会有大的提升。

未来几年，我国专用汽车产品将主要呈现五大趋势。

（1）重型化与多轴化趋势

国家经济的快速发展，带动了相关行业的高速增长、资源的巨大消耗，也成为我国重型车和重型专用汽车发展的原动力。道路条件的改善和交通运输业的发展，为公路运输的高速化、集装箱化创造了良好条件。

（2）轻量化与高技术趋势

铝合金及不锈钢材料的罐体、厢体在我国专用汽车行业的应用才刚刚起步。采用新材料、新工艺，减轻自重，提高运输效率，对于推动我国专用汽车技术进步、缩短与国外产品的差距，无疑具有十分重要的意义。

（3）厢式化与轻型化趋势

随着高速公路的发展，厢式半挂车、集装箱半挂车已成为物流企业的主力车型。随着人民生活水平的提高，冷藏集装箱半挂车会逐渐成为今后的发展方向。同时，世界商业巨头纷纷进入中国市场，超市比比皆是，轻型厢式车需求量将会越来越大。

（4）节油环保、新能源以及混合动力发展趋势

低碳环保已经成为国家对新产品的强制性要求。不断提升专用汽车新产品的环保技术水平，加强对新能源的发展利用，满足国家的强制要求，将是专用汽车发展的一个重要趋势。同时，随着燃油价格的走高及成品油消费税的提高，燃油成本在车辆的运营成本中所占比例越来越大，节油环保已经成为用户购车时考虑的重要指标。节油的发动机技术、零

部件和上装的轻量化技术、高效率的传动技术、混合动力技术等，将越来越多地应用在专用汽车的新产品中。

（5）城乡两极化发展趋势

服务于农村市场的专用汽车，以低附加值产品运输为主，将继续保持低价格趋势，产品以实现运输功能为主；服务于城市区域的专用汽车，中高端产品逐步增加，产品除实现其功能外，可靠性、舒适性将得到进一步提高。

在今后几年，我国专用汽车产品品类将在以下六个方面得到快速发展：

① 高速公路运输车辆。如重型牵引车、集装箱运输车、厢式车、厢式半挂车、专用半挂车、保温冷藏车等，以及各种高速公路养护车、抢险救援车等。

② 城市专用汽车。包括环卫类的清扫车、垃圾车，市政类的下水道清理车、多功能高空作业车，城建工程服务类的混凝土搅拌运输车、起重汽车，消防类用车，文化卫生类的电视转播车、照明车、医疗车等。

③ 煤田专用汽车。

④ 机场专用汽车。如飞机加油车、电源车、货物升降平台车、扫雪车、除冰车等。

⑤ 重大工程类用车。如西气东输气体转运车辆、保证电力安全的带电高空作业车、南水北调及公路、铁路建设工程车辆等。

⑥ 油料及粮食运输车辆等。

4 我国专用汽车市场需求分析

4.1 国内外专用
汽车销售分析

4.1.1 国外销售情况

海关统计数据显示，近8年来，中国专用汽车的出口不论是数量还是金额均迅猛增长。从2001年开始，我国专用汽车的出口数量和出口金额逐年增长。2008年，我国专用汽车的出口金额为1.6亿美元，比2001年增长33.8倍，其中，2005年出口的数量和金额出现突破性增长，出口金额突破一亿美元大关，达到1.18亿美元，之后专用汽车的出口速度不断加快。与之相对应的是，出口数量从2001年的767辆增长到2005年的1625辆，再到2008年的14364辆，8年间数量亦增长了8.8倍。业内人士分析认为，2002年和2005年是这8年间中国专用汽车出口的重要年份，具有重大的历史意义。

2001年12月，中国正式加入世界贸易组织（WTO），对外开放历程进入新的阶段。随着我国参与国际经济的深度和广度不断扩大，对外贸易增长迅速。这一阶段，我国机电产品对外贸易开始转型，发展速度逐渐加快。我国的汽车产品（包括专用汽车）亦开始与世界汽车市场初步接轨，产品技术开始提升，专用汽车逐渐成为我国整车出口的主力车型之一（图4-1）。

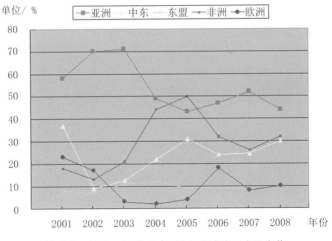

图 4-1　2001—2008 年中国专用汽车出口占比走势
注：数据来源于《中国汽车工业年鉴》。

4.1.2　国内销售情况

进入 21 世纪，我国专用汽车发展迅速，产量从 2001 年的约 9 万辆发展到 2010 年的 139 万辆，品种数也由 2000 年的 1337 个增长到 2009 年的约 5000 个，其中厢式车、罐式车、特种结构车、专用自卸车品种发展较快（图 4-2、图 4-3、图 4-4、图 4-5 所示）。

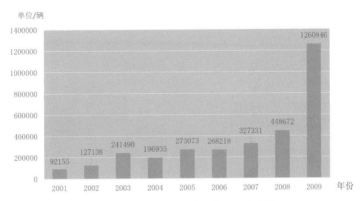

图 4-2　2001—2009 年中国专用汽车产量
注：统计数据来自《中国汽车工业年鉴》。

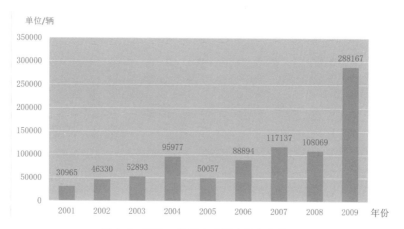

图 4-3　2001—2009 年中国半挂车产量

注：数据来自《中国汽车工业年鉴》。

2001年国内专用汽车产量分类统计（单位：辆）

2002年国内专用汽车产量分类统计（单位：辆）

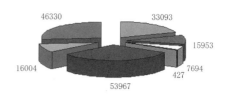

2003年国内专用汽车产量分类统计（单位：辆）

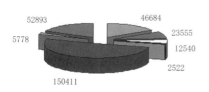

2004年国内专用汽车产量分类统计（单位：辆）

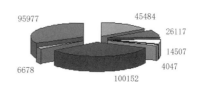

48

2005年国内专用汽车产量分类统计（单位：辆）

2006年国内专用汽车产量分类统计（单位：辆）

2007年国内专用汽车产量分类统计（单位：辆）

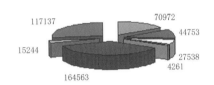

2008年国内专用汽车产量分类统计（单位：辆）

2009年国内专用汽车产量分类统计（单位：辆）

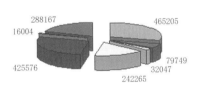

图4-4　2001—2009年中国专用汽车产量逐年分类统计
注：数据来自《中国汽车工业年鉴》。

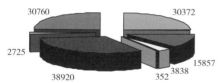

2001年国内专用汽车销量分类统计（单位：辆）

□厢式车　■罐式车　□起重举升车　□仓栅式汽车
■自卸车　■特种结构车　■半挂车

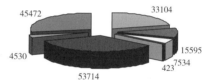

2002年国内专用汽车销量分类统计（单位：辆）

□厢式车　■罐式车　□起重举升车　□仓栅式汽车
■自卸车　■特种结构车　■半挂车

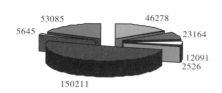

2003年国内专用汽车销量分类统计（单位：辆）

□厢式车　■罐式车　□起重举升车　□仓栅式汽车
■自卸车　■特种结构车　■半挂车

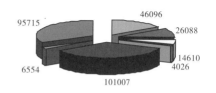

2004年国内专用汽车销量分类统计（单位：辆）

□厢式车　■罐式车　□起重举升车　□仓栅式汽车
■自卸车　■特种结构车　■半挂车

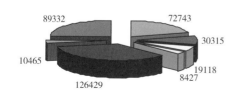

2006年专用汽车销量分类统计（单位：辆）

□厢式车　■罐式车　□起重举升车　□仓栅式汽车
■自卸车　■特种结构车　■半挂车

2007年专用汽车销量分类统计（单位：辆）

□厢式车　■罐式车　□起重举升车　□仓栅式汽车
■自卸车　■特种结构车　■半挂车

图 4-5　2001—2007 年中国专用汽车销量逐年分类统计
注：数据来自《中国汽车工业年鉴》。

目前，国内基础设施建设仍是我国维持经济增长的重要手段。专家认为，庞大的基础设施建设项目将给我国工程类专用汽车带来极大的需求空间和市场增量。尤其是高等级公路建设总量依然巨大，这会带动修建公路的工程车辆、维护公路的特种作业车辆、公路运营车辆的快速发展。我国能源消耗总量巨大，能源物资的运输也将扩大专用汽车的总需求量。

4.1.3 我国专用汽车市场特点

鉴于专用汽车在专门运输和专项作业中的优越表现，专用汽车市场逐步扩大并进入快速成长时期。我国专用汽车市场逐渐显现出四大特点。

（1）服务领域多，市场广阔

专用汽车广泛服务于国民经济的各个领域，在不同时期有着不同的热点。当国家加大基础设施建设投入时，自卸车和工程建筑专用汽车便成为热点；扩大内需加快了商品流通，商品运输使得厢式运输车市场升温；金融保险业增强对抢劫等暴力犯罪情况的防范，防弹运钞车便成为热点等。

（2）生产和需求呈多品种、小批量特征

由于各行业特点不同，对各品种专用汽车的需求量也就不同。用于工程建设的自卸车需求量较大，每年可达 10 万辆左右，自卸车、厢式运输车、牵引半挂汽车等，年需求量均在万辆以上，但大多数专用汽车的需求量仅数百辆至数千辆，有的甚至只有几辆或几十辆。在经济全面发展时期，专用汽车市场可以出现多个热点并存的局面，形成市场的多元化，为生产企业提供广阔的发展空间。

（3）国内专用汽车产品的技术含量亟待提高

由于许多行业对专用汽车技术性能要求很高，国内产品一时很难达到要求，如机场专用汽车、高速公路维护管理专用汽车、高级医疗急救车、高级运钞车（C级防弹要求）等。因此，如何加快新产品开发，为市场提供更多高技术含量的专用汽车产品，是摆在企业面前的首要问题。

（4）专用汽车市场存在"散、乱、差"问题

现存专用汽车生产企业大多为中小企业，又分属不同行业管理，生产方式以载货车底盘改装为主，市场不规范，容易受到干扰。近两年，非法拼装和买卖产品合格证的现象在全国各地屡见不鲜，严重干扰了专用汽车市场。专用汽车市场"散、乱、差"的问题严重影响了专用汽车行业整体发展水平的快速提升。

4.2 主要专用汽车车型市场需求分析

4.2.1 厢式车市场需求分析

厢式车的发展源于我国货物运输防雨、防潮、防尘及防盗的现代物流需求。特别是近几年，高速公路通车里程快速增加，高速公路及大城市对敞开式货物运输的限制，有力推进了厢式车的发展。

厢式车分为厢式运输车、冷藏车、保温车、邮政车、运钞车、翼开启式厢式车等40多个系列，其特点是在二类底盘上组装有独立结构封闭货厢或与驾驶室联成一体的整体式封闭结构车厢的专用汽车。

（1）厢式运输车

这种车辆厢体一般具有防水、防尘及防盗功能。近年来，大中城市对敞开式马槽货车的进城限制，促使厢式车特别是方便、快捷、机动、灵活的小吨位厢式车受到广泛认可。其发展速度极快，生产企业也较多，有超过1/2的专用汽车厂出产该类厢式车。2001—2009年中国厢式专用汽车产量与年产量占全部类型专用汽车比重，如图4-6、4-7所示。由于该类车的市场容量较大，随着我国高等级公路建设的加快，其有逐步取代原有载货车的趋势，发展潜力较好。

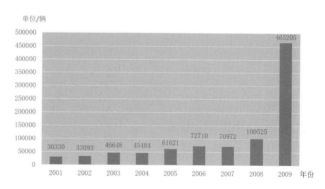

图4-6　2001—2009年中国厢式专用汽车年产量
注：统计数据来自《中国汽车工业年鉴》。

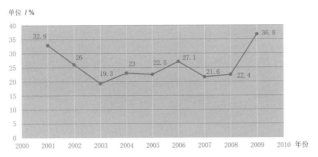

单位 / %

图 4-7　2001—2009 年中国厢式专用汽车年产量占全部类型专用汽车年产量比重走势

注：此处为每年度的年产量占比分析。（厢式专用汽车与全部专用汽车的比例）

（2）冷藏、保温车

目前，国内需要冷藏运输的大量货物主要是靠普通车辆运输，所以冷藏、保温车市场发展前景广阔。特别是各大城市"菜篮子"工程的启动以及各大食品企业、冷饮企业速冻和保鲜食品的发展，将促进对冷藏、保温车辆需求的增长。

（3）邮政车

截至 2009 年 6 月，全国邮政车拥有量为 4 万辆左右，每 8 年更新一遍，每年仅因报废旧车就会产生 5000 辆新邮政车的需求。另外，随着中国邮政服务质量的提高，包裹直投到户，也将扩大邮政车的需求量，对邮政车的档次提高也有促进作用。另外，随着邮运货物业务渠道的拓宽，邮政车正朝着冷藏、保温、安全、卫生等方向发展。

（4）运钞车

随着业内防弹运钞车国产化问题的提出，2009 年，国内已有十几家运钞车生产企业。随着我国金融业的发展，防弹运钞车已普及至县市各金融系统，预计每年需求量在 800 辆左右。

4.2.2　半挂车市场需求分析

半挂车是一个具有很好兼容性与快捷性的公路运输工具，其分类包括厢式、罐式、平板、集装箱、成品车辆运输等。而且，每一大类都可分出大量的细分车型，如厢式半挂车可细分为保温、冷藏、保鲜等半挂车。国家管理机构对半挂车也给出了如下规定："专用半挂车的术语和定义是将专用汽车同类结构产品术语中的车字改为半挂车，定义中的汽车改为半挂车即可。"可见，半挂车对于其他车型的替代作用非常明显，这也是专用汽车中半挂车比例最大的主要原因。与单体式汽车相比，半挂车更能够提高公路运输的综合经济效益，运输效率可提高 30%~50%，成本降低 30%~40%，油耗下降 20%~30%。

物流运输业是半挂车产品的最大需求市场，其客户来源主要是物流服务商，他们在采购规律上具有一定的时间性和季节性。一般情况下，每年 3 月进入运输旺季，7~9 月到达高峰期，这同时也是采购运输车辆的高峰期。

2009 年，国内半挂车生产企业总共约为 500 家，从以前的小比例、小规模发展到现在占据专用汽车销量的最大比重。2001—2009 年中国半挂车产量与销量统计如图 4-8、4-9 所示。现在，半挂车仍然属于技术含量低、生产工艺简单、劳动密集型产品。其三大总成（车轴、支架、牵引座）已经形成专业化批量生产，留给半挂车企业的只有生产车架、外购关键总成和组装的份额。同时，入行门槛低导致此产品同质化竞争严重，产品质量良莠不齐，市场混乱。

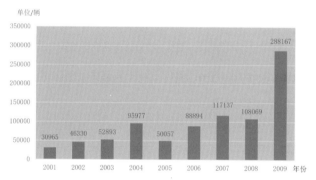

图 4-8　2001—2009 年中国半挂车年产量
注：数据来自《中国汽车工业年鉴》。

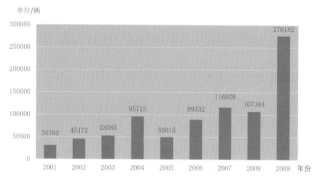

图 4-9　2001—2009 年中国半挂车销量
注：数据来自《中国汽车工业年鉴》。

国际主流运输方式是甩挂运输，以牵引车拖挂半挂车组成的汽车列车的运输方式占了总运输量的 70%~80%。这种运输方式成本更低、效率更高、周转更快，同时也是我国公路运输行业的发展趋势。尽管与国际上交通发达的国家相比我国的半挂车比例明显不足，但在国内的专用汽车市场环境中，半挂车的比重依然很大。

4.2.3　罐式车市场需求分析

罐式车包括常见的油罐车、散装水泥车、混凝土搅拌运输车，以及使用量相对较少的液化气高压罐车、化工液罐车、吸污液罐车等。西部地区油气资源的开发必然会带动石化炼油业的发展，因此大型油罐车的需求将不断增大，大吨位的半挂式油罐车增长比率还将加快。随着国家"十一五"规划的逐步实施，铁路、公路、机场、港口、市政工程以及小城镇建设拉动了工程机械的需求，同时也带动了产品销售的快速增长。2001—2009 年中国罐式车产量与年产量比重如图 4-10、4-11 所示。

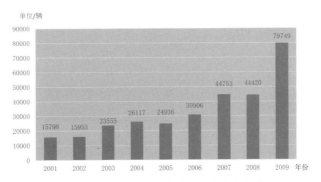

图 4-10　2001—2009 年中国罐式车年产量
注：统计数据来自《中国汽车工业年鉴》。

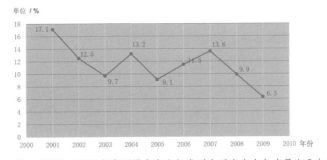

图 4-11　2001—2009 年中国罐式车全部类型专用汽车占年产量比重走势

近年来，我国多家专用汽车厂和建筑机械厂都涉足混凝土搅拌运输车生产，发展势头良好，且受环境变化影响不大，预计未来5~10年内，混凝土搅拌车的市场前景会很好。随着国产混凝土搅拌车行业技术不断提高，从2003年开始，我国混凝土搅拌车进口量呈递减趋势，国产品牌在逐步代替进口产品。自2006年开始，中亚国家对工程机械类产品的需求呈现爆炸性增长，从新疆各口岸出口的国产工程机械数量大幅度增长。

目前，我国混凝土搅拌运输车的生产主要集中在上海华建、安徽星马、韶关新宇、辽宁海诺、湖北建机、徐州利勃海尔、唐山亚特、福田重机等企业，其产量占全行业的90%以上。而其用户主要是年生产能力在30万立方米以上有资质的商品混凝土供应商、规模比较大的建设施工单位、各类施工机械租赁企业等。个体用户主要是沿海发达地区的个体搅拌站和个体机械租赁部。在国内，团体用户至少有千家。

搅拌输送车在设计水平和工艺水平上有了很大的进步，电子技术、液压技术、微机自控方式等都在混凝土搅拌车等产品中得到广泛应用。行业产品无论是可靠性、实用性还是经济性均有了显著的改善，部分产品已基本达到或接近国际同类产品水平。

未来产品的发展趋势是高附加值化、智能化和系统化，将更加注重低能耗、安全性、舒适性、维护和使用的经济性。此外，由于西部大开发拉动了巨大的市场需求，适合西部自然环境、经济实用的产品将会被市场看好。

4.2.4　自卸车市场需求分析

国家实施扩大内需的方针可促进自卸汽车需求量显著增长，而大、重吨位的自卸车是其发展的方向，所占比例也将进一步增大。2001—2009年中国自卸车年产量与占全部类型专用汽车年产量比重如图4-12、4-13所示。在国际上，前举式自卸式自卸车比机构式举重式自卸车更受用户的欢迎。

自卸车市场的迅速发展导致领域内的竞争日趋激烈，其市场主要细分为矿山工程、水电工程、公路运输、一般工程运输四大类。目前，细分市场已成为各大自卸车生产企业的主攻方向，企业将依据市场需求造车，以便应对不同细分市场的竞争。

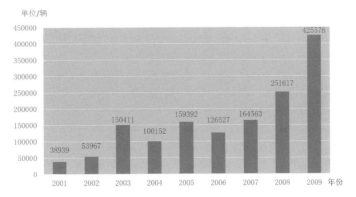

图 4-12 2001—2009 年中国自卸车年产量
注：数据来自汽车工业年鉴。

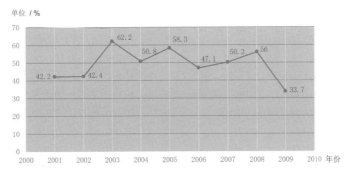

图 4-13 2001—2009 年中国自卸车产量占（全部类型专用汽车）年产量比重走势

5 我国专用汽车产业集群研究

5.1 我国专用汽车产业发展现况

中国汽车工业协会专用车分会的统计数据表明,在1998年之前,湖北、江苏、北京、山东、辽宁的专用汽车企业数量依次排在前五位,到2007年,山东省专用汽车企业数量跃居首位,国家工信部公告目录内企业数量从69个增至99个,江苏、湖北、河北、北京依次排在山东后。

山东梁山、湖北十堰和湖北随州已经形成国内三个典型的专用汽车产业集群。因其聚集着众多的专用汽车企业,并且有效地带动了当地经济,成为其他地方政府发展专用汽车产业的标杆。据了解,目前这三个县市的专用汽车生产企业数量仍有增多的趋势。十堰已经聚集了约40家自卸车改装厂;随州在已拥有118家专用汽车(其中19家为国家工信部公告目录内专用车企业)及零部件企业的基础上,又提出打造20千米的汽车产业发展走廊;梁山县拳铺镇这个弹丸之地上聚集着101家专用汽车企业,其中国家工信部公告目录内企业数为16家。除了国内三大专用汽车产业集群外,各地正在兴建或者规划中的专用汽车产业园不下10家。

据不完全统计,仅2008年全国新建专用汽车生产基地项目就有两个,如中集车辆集团(新疆)有限公司新建的特种专用车生产基地。该基地位于乌鲁木齐市高新区北区工业园区,总投资2.5亿元;项目产品主要面向中亚、俄罗斯和我国西北部市场;主要产品为油罐车、散装水泥车、混凝土搅拌车等罐式专用车。

辽宁铁岭新建的东三省最大的专用车生产基地项目,

规划到 2015 年，要集聚起百余家骨干企业，目标年产专用车 25 万辆，成为铁岭重要支柱产业。

长春市经济技术开发区（国家级）已经批出 4 平方千米的土地用于专用汽车园区的发展；天津市现蓟州区开发区借"滨海开发区"发展契机，批出 12 平方千米的优质土地用于专用汽车产业发展；河南郑州拟在郑开大道打造产能为 10 万辆的专用汽车生产基地；宁夏回族自治区政府将在银川吴忠石嘴山一线重点发展汽车产业；福建省的厦门龙岩、漳州、泉州一带也正在重点发展专用汽车产业。

吉林省工业和信息化厅称，吉林省在汽车产业发展中将加大对专用汽车制造产业的扶持，使吉林省成为全国重要的专用汽车制造基地。作为汽车大省，吉林省尽管有着发展专用汽车的优势和潜力，但多年来其专用汽车发展一直较为缓慢，产业规模较小，产品技术含量低，缺乏自身产品特色。为做强这块"短板"，吉林省提出将专用汽车作为汽车产业的新增长点给予重点扶持。

按照计划，吉林省将从 2010 年开始，利用 3 年时间，新增专用汽车产能 6.6 万辆，新增产值 66 亿元。其中，2010 年产能达到年产 4.2 万辆，年产值 41 亿元；2012 年产能达到年产 12 万辆，年产值 100 亿元。为加快专用汽车制造业发展，吉林省将以一汽解放公司专用汽车分公司等 16 家具有专用汽车生产资质的企业为依托，重点推进 16 项建设工程，围绕国内外市场需求，形成覆盖道路维护、消防安全、旅游休闲、野外生活服务、工程作业、散料运输、高压输送、保温、冷藏、大吨位矿用自卸车等多系列、宽领域、全品种专用汽车的制造能力。

汽车工业是上海的重点支柱产业之一。据统计，仅 2005 年，上海市轿车产量达到 48 万辆，年产值更是超过 1000 亿元。但是，随着我国轿车行业利润率的逐年下降，轿车行业的产品同质化趋势越来越明显，竞争日益激烈。以轿车为主的上海汽车产业，其优势地位面临严峻挑战，上海的汽车产业亟须调整升级。在这种情况下，上海市开始为其汽车产业寻找新的增长点，确定了发展专用汽车的思路。上海市在上海国际汽车城所在的上海嘉定区划出一个区域，建立专用汽车生产基地，积极为专用汽车"筑巢引凤"。从 2005 年开始，嘉定区开始向国内外专用汽车生产企业频抛"绣球"，并邀请国内外 150 名专用汽车生产企业代表到嘉定参观、考察，又与中国汽车工业协会专用车分会等单位合作，举办上海国际专用汽车暨零部件展览会，为专用汽车搭建一个信息公共服务平台。

时任上海嘉定区副区长的邵林初表示，嘉定区将制定相关的扶持政策，支持专用汽车行业的龙头企业在上海形成产业集聚，支持企业自主创新，在嘉定形成完整的专用汽车研发、生产、销售产业链。中国汽车工业协会专用车分会的有关人士认为，高科技含量的、研发型的专用车企业比较适合到汽车城落户，比如技术含量较高的作业类专用车等。

2007年10月，以经营集装箱、道路运输车辆、罐式储运设备、机场设备制造和销售服务为主的中集集团在南宁高新区投资1.4亿元建设特种车生产基地。据了解，中集集团创立于1980年1月，最初由中国香港招商局和丹麦宝隆洋行合资组建，是中国最早的集装箱专业生产厂和最早的中外合资企业之一，2019年在中国企业500强中排第89位。截至2006年底，中集集团总资产达229.23亿元，净资产达111.17亿元，在国内和海外拥有50余家全资及控股子公司，员工近50000人，拥有华南、华东、华北三大区域20多个生产基地，产品包括干货集装箱、冷藏集装箱及其他各类特种集装箱。它是全球规模最大、品种最齐全的集装箱制造集团，客户包括全球最知名的船舶公司和租箱公司，产品遍及北美、欧洲、亚洲等全球主要的海陆物流系统。

5.2 梁山县专用汽车产业集群研究

5.2.1 梁山县专用汽车产业集群发展模式

自20世纪90年代以来，梁山县就开始出现专用汽车生产企业，已经拥有专用汽车生产企业及专用汽车零配件企业151家，专用汽车产业产值已经达到46亿元，占当地地区生产总值的58%，成为地区经济的支柱产业。2005年，梁山县被国家汽车工业协会命名为"中国挂车（专用车）生产基地"，成为我国当时唯一的专用车生产基地。

梁山县专用汽车产业起源于梁山县拳铺镇，产业集聚形成于拳铺镇工业园区，专用汽车产业的发展促进了拳铺镇地方经济的迅速振兴。仅以工商税收为例，2000年，该镇完成税收仅130万元，2006年突破3000万元，2007年9月达到4200万元（图5-1）。梁山县通过专用汽车产业集群带动了地方经济的增长。

梁山县专用汽车产业是于20世纪80年代末伴随全国汽车工业和梁山县民营经济的迅速崛起而发展起来的。

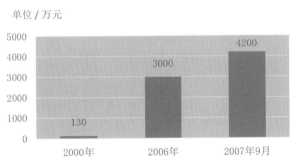

图 5-1 梁山县专用汽车产业的税收统计图

梁山县专用汽车产业集群的发展，历经了偶然萌芽、竞相模仿、治理整顿、科学发展几个阶段（图5-2）。

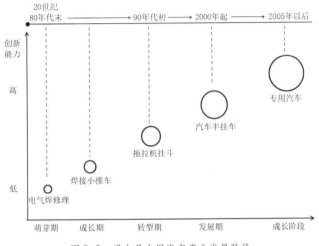

图 5-2 梁山县专用汽车产业发展阶段

从梁山县内生式的产业集群发展模式我们可以总结出其专用汽车产业集群形成的四个原因及其路径（图5-3）。

（1）市场需求：庞大的市场需求是梁山县专用汽车产业集群形成的前提和重要原因。梁山县通过准确把握市场需求，调整产品结构，以市场需求为发展的驱动力，生产适合市场需求的产品。

（2）产业转移：山东是国内重要的专用车生产基地，如一汽青岛汽车厂、青岛青特公司、青岛中集专用车公司（原考格尔）等，这对梁山县专用车、挂车行业的培育是有利条件。梁山的专用车企业从2000年左右开始快速发展，靠半挂车起家和低成本运营，

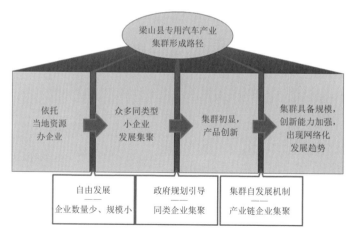

图 5-3 梁山县专用汽车产业集群的形成路径

获得市场优势，实现了专用汽车产业转移。

（3）企业创新：行业竞争要求企业自主创新，提升产品水平。一些企业已经开始摆脱完全依靠手工加工的阶段，启用自动化程度较高的设备，保持良好的经营状态。为了提高产业竞争力，梁山县成立了专用汽车检测、研发、物流三个中心，提高和促进了梁山县专用汽车的生产水平。

（4）政府引导：梁山县委、县政府在专用车行业发展中发挥了巨大的作用，把挂车产业作为"工业立县"的五大产业之一，设立了发展基金、信用担保中心和法律服务中心，在各方面为企业提供优质服务。同时，县委、县政府组织企业经营者到外地学习、考察，聘请行业专家进行技术指导、法规培训，引导行业发展走合法化、规范化、集约化的道路，形成有效的产业集群。

5.2.2　梁山县专用汽车产业集群发展现状

截至 2008 年上半年，梁山县专用汽车和配件生产企业已形成产业集群（图 5-4），已有梁山县专用汽车生产企业 101 家，进入国家公告目录的有 16 家，零配件生产企业 47 家，流通贸易企业 128 家，形成了年产各种专用汽车 10 万辆、各类零配件 170 万件的生产能力，可生产 10 大系列 150 余个品种，满足多种运输和作业的需要，在国内占有较大的市场份额，产品销售覆盖全国 30 个省、市并出口至欧亚部分国家和地区。

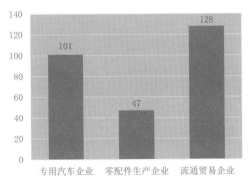

数量/家

图 5-4　梁山县专用汽车产业集群的企业数量分布

　　中集东岳和山东梁山通亚公司已经发展成为集产品设计、科研开发、生产销售为一体的大型专用车制造企业，是中国挂车专用车生产基地的龙头企业、梁山专用汽车发展的领军企业，在全国同行业中具有很强的竞争力。其中，中集东岳拥有省级特种车研发中心和检测中心，拥有高、中级技术人员58人，客座研究人员12人，与国内外100多家大专院校、科研院所、生产厂家实现了广泛的产学研结合（表5-1）。

表 5-1　梁山县专用汽车产业集群代表企业分析

	中集东岳	通亚	华宇
企业结构	中集车辆（集团）有限公司骨干企业	原国家经贸委（现国家发改委）批准的汽车改装定点生产民营企业	梁山华宇集团（汽车、纺织、汽车贸易、房地产开发）下属汽车制造有限公司
行业地位	国内专用汽车行业知名企业；中国挂车（专用车）生产基地龙头企业	全国首家进入汽车改装公告管理的民营企业；山东省挂车行业产量最高、销售区域最广的制造企业；中国挂车（专用车）生产基地的龙头企业	国家发改委批准的汽车生产企业，"华宇达"牌汽车产品已纳入国家汽车产品公告目录。是国内汽车改装企业中生产规模大、质量管理体系健全的民营企业
所在地	梁山县拳铺工业园区	梁山县拳铺工业园区	——

（续表）

	中集东岳	通亚	华宇
厂房设施	占地面积 22 万平方米,生产建筑面积 8 万平方米。总资产 2.3 亿元。拥有国内一流的专用车生产线、涂装线、工艺装备 320 台套	现占地 530 亩,建筑面积 16 万平方米,注册资本 3000 万元,总资产 3.6 亿元。拥有国内一流的数控切割机、自动焊机、大型折弯机、省内最大的整车通过式抛丸机、21 米超大喷漆、烤漆房、瑞士四轮定位仪等各类生产检测设备 400 余台套,国内先进的生产线及现代化的工装设备,生产的 8 大系列 100 余种产品已全部通过国家级技术鉴定,处于国内领先水平	——
人员构成	现有员工 700 余人,其中中、高级技术人员 100 余人	现有员工 800 余人,其中具高级技术职称的 28 人,中级技术职称的 56 人。大中专毕业生和有专业文凭人员 167 人	——
研发结构	集专用汽车产品设计、科研开发、生产、销售于一体	集产品设计、科研开发、生产销售为一体	——
生产能力	年产 20000 辆各类专用车	各类专用车年生产能力 5000 余辆	年产改装车、半挂车、罐式车、特种车 10000 余辆,年销售收入 10 亿元
主导产品	栏板半挂车、厢式半挂车、仓栅半挂车、罐式车、自卸车及特种车六大系列 140 余种产品	"通亚达"牌系列半挂车、自卸车、油罐车、粉粒物料运输车、散装水泥车、混凝土搅拌车、道路清障车等各种专用车、特种车	改装车、半挂车、罐式车、自卸车等特种车;"华宇达"牌汽车产品
销售概况	畅销全国;远销海外	国内 20 余个省 500 个市、县区,部分产品出口 5 个国家和地区	
资质荣誉	国家发改委公告管理企业 / 3C 认证 / ISO 9001 认证 / 自营进出口权证书 / 危化品包装物、容器生产企业定点证书;山东省计量保证确认合格单位 / 山东省高新技术企业 / 专用车研究中心 / 三 A 级信用企业;连续多年获省、市"功勋企业""明星企业""先进民营企业"等称号,是济宁市"十强民营企业"、山东省机械工业"百强企业"等	中国质量认证中心 3C 认证 /ISO 9001:2001 质量管理体系认证 / 标志产品认证 /AAA 认证 / 实用新型专利证书 / 山东省著名商标;"通亚达"牌产品获山东省名牌产品,并荣获山东省质量协会"山东省标志产品"称号;山东省机械工业办销售收入、上缴利税"100 强企业",山东省中小(乡镇)企业办"技术创新示范企业";"通亚达"品牌已申报中国驰名商标	已通过 ISO 9001 国家质量体系认证。公司研发的 100 多种产品已通过 3C 认证

梁山县专用汽车产业集群发展的短期目标：2010 年销售收入 84 亿元，利税收入 9.6 亿元。其中，专用车产量达到 5.5 万辆，销售收入达到 60 亿元，利税收入 7.2 亿元，零部件销售收入 24 亿元。同时，争创名牌产品，2010 年省级名牌产品达到 7 个，著名商标达到 6 个，国家级名牌产品和著名商标 1 个，坚持专用汽车品牌和零部件品牌共同发展、相互促进，以品牌建设带动企业发展。

2008 年制定了专用汽车产业发展长期目标（表 5-2），争取到 2018 年产量超过 40 万辆。2008 年已实现销售收入 36 亿元，比上年增长 28%，按照年增长率 25%~30% 的增长速度，2012 年达到 102.82 亿元，2018 年达到 421.15 亿元，实现百亿产业培植计划。2008 年实现利税 3 亿元，比上年增长 25%，按照年增长率 20%~25% 的增长速度，2018 年将达到 27.94 亿元。

表 5-2　梁山县专用汽车产业发展长期目标

年份	2012	2014	2016	2018
专用汽车产量 / 万辆	10.99	17.17	26.82	41.91
销售收入 / 亿元	102.82	164.51	263.22	421.15
税收 / 亿元	7.32	11.44	17.88	27.94

5.2.3　梁山县专用汽车产业集群发展的启示

从全国行业环境来看，专用汽车产业符合国家的产业政策，属于朝阳产业，特别是经济的高速发展和我国城市化进程的加快，对专用汽车的需求量越来越大。西部开发、高速公路快速发展等，都给专用汽车发展带来了难得的机遇，专用汽车总量需求还有相当大的成长空间，发展前景会越来越广阔。高等级公路建设发展迅速，必将极大地推动高等级公路运输车辆、工程车辆及维护车辆的发展。城市现代化水平的提高，也必然推动城市建设与服务方面专用汽车需求的较快增长。

梁山县专用汽车产业集群综合指标在全国县级同行业中名列前茅，在地市级同行业中已经拿到 4 个第一，即取得国家工信部目录公告的企业个数第一、获得省级"名牌产品"和"著名商标"的企业个数第一、专用汽车产量第一、市场占有率第一。梁山县已经成为名副其实的全国挂车（专用车）生产基地，其内部能力分析见表 5-3。

表 5-3 梁山县产业集群 SWOT 模型分析

外部因素		内部能力	
		优势（Strength）	劣势（Weakness）
		◇起步较早，发展潜力大 ◇发展环境优良，拉长产业链条 ◇企业具备了较强的竞争力 ◇具有生产成本优势 ◇具备专用汽车企业生产资质 ◇科研创新能力强 ◇市场份额较大	◇企业规模较小，抗风险能力弱 ◇管理水平参差不齐，缺乏高级管理人才 ◇科技创新力度不够，产品技术含量低 ◇产业链不完善 ◇市场资源短缺，钢材不能满足需求，生产成本下降难度较大
外部因素	机会（Opportunity） ◇国民经济将保持平稳发展 ◇国家大力加强基础设施建设 ◇西部大开发的促进作用 ◇城市发展建设 ◇可持续发展战略 ◇出口发展战略	S O ◆加快发展步伐 ◆以现有的产业优势扩大影响力，增强现有企业自身竞争力 ◆提高产能 ◆提升新产品质量 ◆提升品牌影响力	W O ◆提高管理水平 ◆增加创新意识 ◆建立生产资料物流中心，节约生产成本，提高资源利用率
	威胁（Threat） ◇国家政策的不稳定性，造成运输类专用汽车市场需求的不均衡性 ◇环渤海经济圈、京津唐经济圈专用汽车产企业比较集中，未来市场竞争加剧 ◇市场参与者增加，竞争环境恶化 ◇传统优势（劳动力、原材料成本低等）的弱化	S T ◆符合国家产业政策，政府支持 ◆发展重点与外省有所区别 ◆引进高技术人才，建立专用汽车研发技术人才中心	W T ◆加强优势产业 ◆完善产业链 ◆政府放开政策 ◆完善制度

　　梁山县在山东省属于经济欠发达县之一，但专用汽车产业在短短几年内得到迅速发展，成为全县的支柱产业之一，且在国内占有举足轻重的地位，与其占有的优势是相辅相成的。从全国行业背景来看，梁山县的专用汽车发展潜力巨大，县委、县政府不断加强招商引资，无论在软件还是硬件条件上都为企业发展创造了良好的环境。梁山县是全国最大的挂车专

用车生产基地，各种零配件生产企业和代理商众多，产业配套性强，采购成本低廉，形成了产、学、研相结合的高新技术产业开发格局（图5-5）。

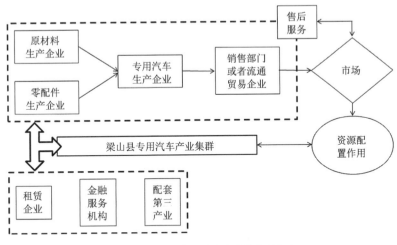

图 5-5　梁山县专用汽车产业链发展框架

梁山县专用汽车产业集群虽然得到健康、持续、快速发展，但仍存在一些制约发展的问题和因素。专用汽车产业发展的制约因素主要有以下几个方面：

● 企业规模较小，抗风险能力差。

● 管理水平参差不齐，缺乏高级管理人才。

● 科技创新力度不够，产品技术含量低。

● 产业链不完善。

● 市场资源短缺，钢材不能满足需求，生产成本下降难度较大。

从梁山县专用汽车产业集群发展来看，其对随州专用汽车发展的启示如下：

（1）延伸产业链条，发展配套产业

借助产业集群的规模化发展，在发展专用汽车的同时延伸专用汽车的产业链条，促进产业集群的进一步发展，形成良性循环。

（2）加强技术创新，提高研发能力

实现企业活动与政府职能相结合。

（3）加大招商力度，拓宽招商渠道

发挥好现有物流中心的优势，大力"引进来"和"走出去"，主动寻找商机。

（4）坚持以人为本，加强人才队伍建设

加强人才管理和人才引进，建立与专用汽车企业特色和发展相适应的人才体系。

（5）建立核心竞争能力，强化企业文化建设

坚持集团化、规模化发展战略，挖掘市场潜力，提高市场占有率和竞争力，积极开拓海外市场。同时，要建设学习型组织，以企业培训为依托，推动企业建设发展，全面提高企业管理水平，建立完善的现代企业管理制度。

（6）发展地域化的专用汽车产业集群支撑体系

树立科学发展观，依靠科技进步促进产业发展，引导企业合理开发、利用各类生产资源，进一步优化经济发展环境，维护企业合法权益。

5.3 铁岭专用汽车产业集群研究

5.3.1 铁岭专用汽车产业集群的成因与优势

铁岭经济开发区始建于 1992 年，总人口 24332 人，其中非农业人口 9914 人，农业人口 14418 人。1995 年，经辽宁省人民政府批准，铁岭市成为省级经济开发区，是辽宁省唯一的农牧业高新技术开发区，也是正在创建中的国家级生态示范区。政府将铁岭本地的专用汽车产业集群建立以开发区的模式进行整体规划和发展。开发区历经十几年的发展，经济总量和经济规模不断壮大，尤其是 2000 年以来，开发区的经济实现跨越式、超常速发展，步入了快速发展的轨道，已经发展成为铁岭市对外开放的窗口，是铁岭市经济发展中的重要力量，在全市经济社会发展中充分发挥了窗口、示范、辐射、带动作用。

铁岭专用汽车产业布局共规划面积 20 平方千米（图 5-6），分为"四个产业园、一个中心"，即零部件产业园区、运输专用车产业园区、工程专用车产业园区、汽车起重机及起重设备产业园区和辽宁专用汽车展览销售中心。

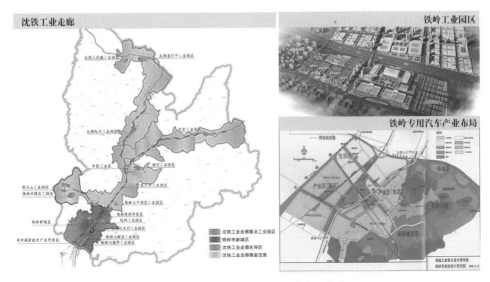

图 5-6　发展中的铁岭专用汽车产业集群

铁岭专用汽车产业集群形成的原因主要包括以下几个方面：

（1）国家提出的振兴东北老工业基地及辽宁省提出的打造沈阳经济区的宏观经济背景。

（2）辽宁是我国老工业生产基地，工业基础雄厚，产业链条完整，极具发展潜力。

（3）处于长春、沈阳东北汽车工业带的中心区，是沈铁工业走廊建设不可或缺的一部分。规划到 2010 年，整个沈铁工业走廊最终实现工业产值 1500 亿元，其中先导区 1000 亿元，全市人口的 60%、就业岗位的 70%、经济总量的 80% 都集中于此。

（4）我国需要一个符合国际标准的大规模专用车生产基地。

相应地，铁岭专用汽车产业集群的优势体现在以下几个方面：

（1）区位优势——铁岭是辽宁中部城市群的重要组成部分，在东北地区振兴规划的空间发展格局中占有重要地位，交通便利，出海入关便捷。

（2）配套优势——处于沈阳、长春两大汽车生产基地之间，生产原材料齐备，整车生产的配套完善。

（3）技才优势——工业基础雄厚，目前已经储备了雄厚的技术力量和庞大的技工队伍，为专用车基地建设提供了有力的技术支持。

（4）土地优势——土地资源丰富，可实施高标准建设，达到"六通一平"标准。

（5）环境优势——是"中国北方水城"和"建在湿地上的城市"。

5.3.2 铁岭专用汽车产业集群的发展方向与目标

（1）铁岭专用汽车产业集群规划的目标

到 2010 年，专用车生产企业达到 100 户，工业总产值达到 1000 亿元，年均增长 140%。专用车生产能力达到 25 万辆，汽车零部件生产能力达到 1000 万套（件）。专用车工业逐步融入全球专用车制造业生产体系，成为全国最大的专用车生产基地及专用车展览销售中心。

（2）铁岭专用汽车产业集群的重点发展方向

① 生产基地重点发展专用车作业底盘和客车及底盘。

② 适合高速公路、物流系统的采用新材料和新工艺等开发的各种运输类产品。

③ 大力发展提升城市功能的各种车辆。主要有：市政类（清障车、高空作业车等），环卫类（各种形式的垃圾车及清扫车、管道疏通车等），城建工程服务类（散装水泥运输车、混凝土搅拌车、混凝土泵车、起重汽车、消防车、桥梁检测车等），文化生活类（旅居车、电视转播车、照明车、电源车等），医疗类（医疗车等），机场服务车辆，道路养护车辆，抢险救援车辆等。

④ 军用车辆（适合部队发展需要的各种专用车辆）。

⑤ 其他类用车。如煤炭运输车辆、机场专用车、油田专用车、集装箱车等。

⑥ 建立三大平台：专用车生产制造平台、科技创新平台、专用车国际商务平台。

（3）自 2008 年辽宁专用车生产基地正式落户铁岭已取得的阶段性成果

① 成立专用车基地建设领导小组，加快专用车生产基地建设。铁岭成立了由市委书记李文科、市长张竞强任组长、副组长的专用车基地建设领导小组，组建了由副市长谷凤杰任主任的专用车基地管委会，在统一规划、统一建设、统一管理的前提下，通过"飞地招商"的办法，举全市力量加快专用车生产基地建设步伐。

② 发展蓝图已经绘就。聘请国内知名的规划设计机构，高起点、高水准地编制完成了专用车生产基地的总体规划和起步区控制性详细规划。辽宁专用车生产基地规划面积 38.33 平方千米，分为研发检测区、制造加工区、贸易经营区、物流仓储区、生活配套区 5 个功能区，其中制造加工区用地 20 平方千米，基地用地中规划生态绿地 8.3 平方千米，占规划总用地的 21%。建立以高速公路、国道和公共交通干线为骨干的功能多样化和结构合理化的现代化交通网络，形成快速、便捷、安全、舒适、和谐的综合交通体系。

③ 资源整合、共享基础设施。在辽宁专用车生产基地的规划中，统筹考虑基地周围

高新技术园区、懿路工业园区、新城区、东北物流城、综合规划区域的基础设施，统筹区域管网，在区域范围内共享基础设施。既定发展目标是：力争经过 5 年的努力，引进专用车生产企业 100 家，实现产值 1000 亿元，专用车产量和产值分别占全国的四分之一，把铁岭建成全省唯一、中国最大、世界先进的专用车生产基地。

④ 基础设施建设进展迅速。累计投入基础设施建设资金 12 亿元，7 平方千米起步区已经建成，达到"七通一平"标准，代建厂房 30 万平方米，投资企业接上电就可运行，安上设备就能生产。同时，完成绿化面积 100 万平方米，实现四季有绿、三季有花、乔灌结合、立体绿化，亮化工程同步跟进，实行 24 小时保洁，营造了"绿、美、亮、洁"的花园式生产经营环境。

⑤ 项目招商取得丰硕成果。制定了招商引资政策，在企业用地、银行贷款、资质办理、厂房代建等方面实行最大限度的优惠，吸引了一批国内外知名专用车生产企业落户基地。现在，50 多家企业开工建设，年底前 10 家企业投入生产，近 80 家企业签订了协议，总投资额超过 400 亿元。特别是中航集团落户辽宁专用车生产基地，并把其在全国各地的资源整合到铁岭，建设占地 5 平方千米的中航产业园，为辽宁专用车生产基地的提档升级起到巨大的推动作用。

⑥ 配套项目建设进展顺利。专用车生产基地研发中心已开工建设，与 9 家科研院所达成合作意向，目前已有 3 家国外公司进入研发中心。与专用车生产基地配套的东北机动车交易市场项目总投资 1.2 亿元，占地面积 13 万平方米，目前已开工建设，建成后将成为"永不落幕的专用汽车展"。在与生产基地毗邻的铁岭县工业区内建设了 7 平方千米的专用汽车零部件产业园，可容纳 300 家企业入驻，实现年产值 500 亿元，目前入园企业已达到 40 余家（表 5-4）。在开放的铁岭，一个积极建设发展中的专用车生产基地正在向宏伟蓝图阔步迈进。

值得一提的是，随州合力也在铁岭设立了分厂（湖北合力专用汽车辽宁铁岭分公司）。这也从侧面说明随州专用汽车企业已经有能力"走出去"。

表 5-4　铁岭专汽典型企业介绍

	东威	中航工业—陆平	运达汽车起重机	天信
企业结构		中央管理国有特大型企业；国家授权投资机构；中航工业辽宁陆平机器股份有限公司控股子公司		专门从事公路养护机械、道路环卫机械和交通设施产品开发、生产、销售及工程施工于一体的综合性企业
行业地位	国家定点指定专用汽车制造企业	原总参谋部、总后勤部、总装备部和空军、海军、二炮研制生产各类大板方舱、特种改装车辆的定点生产企业；国家大型二类企业，全国唯一国家级军用方舱动员中心，国家二级保密单位；辽宁省 85 户重点工业企业之一	经国家发改委批准的汽车改装企业；全国最大随车起重机生产企业；国内最早生产随车吊的企业之一；全国市场占有率最高的制造厂家；国内随车吊产品品种最多的企业；国内最早自主研发随车起重机的厂家	是国内最早研制和生产除雪设备的企业，至今已有近 20 年的历史；在省内市场占有率达 90% 以上；前悬挂式道路清扫机械为国内首创
厂房设施	公司占地面积 15 万平方米，建筑面积 10 万平方米；总资产 9000 多万元	公司现占地面积 37 万平方米，建筑面积 19 万平方米	——	——
人员构成	员工 560 人，各类工程技术人员 180 多人	员工 800 余人，具有高级职称的有 28 人、中级职称的有 56 人。大中专毕业生和有专业文凭人员有 167 人	——	——
研发结构	集研制、开发、制造、销售东威品牌的加油车、洒水车、吸粪车、散装水泥车、混凝土搅拌车、随车起重运输车、公务用车等各类专用车共 7 大系列 200 多个品种	设有营销中心、技术中心、财务中心、生产中心和管理中心	现有两个全国专业生产随车吊（只生产随车吊一种产品）基地	产品具有其独立知识产权，各种专利技术已申报近 20 项。其产品的性价比目前在国内处于绝对领先地位

	东威	中航工业—陆平	运达汽车起重机	天信
生产能力	从事罐式车、自卸车、厢式车、环卫车、散装水泥运输车、混凝土搅拌车、半挂车、全挂车、随车起重运输车等各类专用汽车的生产与改装，年生产能力达万余辆	——	年可改装汽车1500辆	——
主导产品	专用车涵括自卸、半挂、罐式、厢式、环卫、随车吊等7大系列；主要生产油罐车、洒水车、化工液体运输车、粉粒物料运输车、道路清障车、垃圾车、吸污车、吸粪车、高压清洗车、混凝土搅拌车、高空作业车、随车起重运输车、消防车、自卸车、冷藏防爆车、半挂车、仓栅车、厢式车、载货车、教练车、专用车配件等100多个品种。	主要有各种军民用大板方舱、特种改装车辆、民用公路运输特种车辆、卫星通讯天线和高低压开关柜、计量柜、厢式变电站等。产品广泛应用于电子对抗、侦察控制、通信指挥、医疗救护、生活保障、装备维修、机场指挥、油品配送、危险品货物运输、市政园林环卫作业等诸多国防和民用领域。民用专用车产品包括油料运输车、化工液体运输车、粉粒物料运输车、沥青运输车、供水车、洒水车、垃圾压缩车、吸污车、抢修抢险工程车、维修工程车、栏板半挂车、低平板半挂车、油田特种车等	1吨到50吨的汽车起重机和随车吊运输车；产品分为10大系列50多个品种（涵盖2~16吨）	除雪设备；清扫设备；多功能道路专用车；交通安全设施产品；绿化综合养护车；沥青路面综合养护车
销售概况	"东威牌"专用汽车畅销全国30多个省（自治区、直辖市），在全国占有相当大的市场份额。出口到欧美、越南、朝鲜及东南亚等国家	——	在东北地区占有85%以上、全国占有25%以上的市场份额	——

73

在研发上，中航工业铁岭陆平专用汽车有限公司的实力尤为突出。它已建立国家级CAD应用工程示范企业和省级企业技术中心，下设5个研究所，共有工程技术人员200余人。技术中心配有二维／三维CAD设计软件、有限元分析软件、电磁场分析软件、PDM系统、ERP系统软件以及各类管理软件，全面实现计算机光纤网络化，并在专用车及其附件方面获得了十余项国家专利。

5.3.3　铁岭专用汽车产业集群分析

铁岭专用汽车产业集群内部能力分析见表5-5。

表5-5　铁岭专用汽车产业集群 SWOT 模型分析

外部因素		内部能力	
		优势（Strength）	劣势（Weakness）
		◇区位优势　◇配套优势 ◇交通优势　◇技术优势 ◇土地优势　◇生态优势	◇仍在规划实施起步阶段
外部因素	机会（Opportunity）	SO	WO
	◇促进老工业基地振兴计划 ◇辽宁省专用车生产基地	◆加快发展步伐	◆政府支持
	威胁（Threat）	ST	WT
	◇外省专用汽车产业的发展	◆政府支持 ◆发展重点与外省有所区别	◆重点发展优势产业，与国内其他地区发展差别拉开 ◆利用本地汽车产业成熟优势，扩大市场占有率

随着国家促进老工业基地振兴计划的实施和辽宁省专用车生产基地的建立，铁岭专用汽车产业集群有着良好的发展势头。在外部大环境的促进下，铁岭专用汽车产业集群具有良好的区位优势、完善的配套优势、便捷的交通优势、过硬的技才优势、丰富的用地优势和可持续的产业生态优势。但全国各地的专汽基地迅速发展，势必为这个仍在规划实施起步阶段的老工业基地的专汽基地建设带来强大的竞争冲击。

从产业链层面来看：

（1）以现有产品为基础，重点发展专用车作业底盘和客车及底盘，形成尽可能完整的产业链。

（2）由于地域优势，其适合发展高速公路、物流系统的各种运输类产品，并可以向新材料、新技术方面的产品靠拢，如煤炭运输车辆、机场专用车、油田专用车、集装箱车等的技术开发和运用。

从政府角度来看：

（3）地方省、市齐心协力，形成强大发展合力，加强组织领导，建立高效的组织推进体系，多渠道筹措资金，确保基地建设进度，确保现有开发区项目和配套建设逐条落实。以项目建设为核心，全力开展招商引资。围绕建设专用车生产基地，推行高层次、高密度的招商。

（4）全面优化发展软环境，出台优惠政策吸引项目，凭借优质服务留住客商，创造投资洼地。深入开展政策优惠、服务优质、环境优美、秩序优良的"四优"创建活动，为企业提供全方位服务。

（5）充分调动和发挥各方面的积极性，采取统分结合的方式，促进产业集聚发展，形成合力，实现资源共享，为企业创造条件，节约当地企业生产成本。

从行业视野来看，铁岭虽然具备老工业基地的基础优势，但也有不利的一面：

（1）县域整体专汽行业和全国同行业相比，很大程度上还属于同质竞争。

（2）相对于湖北省汽车产业长廊、环渤海经济圈和京、津、唐经济圈等地的专用汽车生产企业，铁岭新开发区建设起步相对较晚，已建成并投入使用的设施较不完善。因此，首先要加快建设步伐，尽快将规划方案投入现实运转使用。

（3）出口力度不足，后续仍有待加强。

5.4 国内专用汽车产业集群比较

5.4.1 梁山和铁岭两地专用汽车产业集群的SWOT比较

梁山和铁岭两地专用汽车产业集群的SWOT比较见表5-6。

表5-6 两地专用汽车产业集群SWOT分析

集群	S	W	O	T
梁山	◇起步较早，发展潜力大 ◇发展环境优良，拉长产业链条 ◇企业具备了较强的竞争实力 ◇具有生产成本优势 ◇具备专用汽车企业生产资质 ◇科研创新能力强 ◇市场份额较大	◆企业规模较小，抗风险能力差 ◆管理水平参差不齐，缺乏高级管理人才 ◆科技创新力度不够，产品技术含量低 ◆产业链不完善 ◆市场资源短缺，钢材不能满足需求，生产成本下降难度较大	◇国民经济将保持平稳发展 ◇国家大力加强基础设施建设 ◇西部大开发的促进作用 ◇城市发展建设 ◇可持续发展战略 ◇出口发展战略	◆国家政策的不稳定性，造成运输类专用汽车市场需求的不均衡性 ◆环渤海经济圈，京、津、唐经济圈专用汽车生产企业比较集中，未来市场竞争加剧 ◆市场参与者增加，竞争环境恶化 ◆传统优势（劳动力、原材料成本低等）的弱化
铁岭	◇区位优势 ◇配套优势 ◇交通优势 ◇技术优势 ◇土地优势 ◇生态优势	◆仍在规划实施起步阶段	◇促进老工业基地振兴计划 ◇辽宁省专用车生产基地	◆外省专用汽车产业的发展

其中，梁山和铁岭专用汽车产业集群中值得随州借鉴的要素体现在以下几个方面。

（1）拉长和完善当地产业链，加大产业竞争优势。

（2）提高资源利用率，降低生产成本。

（3）加强科技创新力度，提升产品档次。

（4）扩大市场份额，加大出口力度。

5.4.2 我国产业集群的发展模式比较

我国产业集群发展模式有以下三种。

（1）内生式产业集群

内生式传统产业集群是凭借本地区独特的产业专业化条件和工商业传统，依靠民间微观经济主体的自发创新，在内生性民间资本积累的推动下，在获得相对全国其他地区的"体制落差"优势的情况下生成的。专业化是产业集群产生的初始条件，也是产业集群增强和升级的必备条件。专业化条件主要包括专业化的生产要素和产业文化。梁山专用汽车产业集群就属于这一模式，现阶段随州专用汽车产业集群也属于这种模式。

（2）外生式产业集群

外生式产业集群是依靠优越的地理位置、优惠的投资政策、丰富的土地资源和充足的廉价劳动力与跨国企业的技术、管理等优势结合，在市场培育型的地方政府、创造性模仿和企业家精神等的作用下而崛起的外商投资为主的产业集群。广东就是这种依靠其地缘优势、政策优势、低成本优势吸引外来企业直接投资，建立外向型加工制造基地，进而逐渐形成规模的"嵌入型"产业集群。铁岭专用汽车产业集群属于这一模式。

（3）高科技产业集群

高科技产业集群主要依托政府力量和当地的科研力量，发展高新技术产业。企业与科研机构在一定的地域内聚集，形成上、中、下游结构完整和外围支持产业体系健全以及充满创新活力的有机体系，如北京的中关村 IT 产业集群、广州的软件产业企业集群、深圳的高技术产业群。目前，国内专用汽车领域尚无此种模式，随州可向此模式发展。

5.4.3 随州专用汽车产业集群发展模式定位

随州专用汽车产业集群的发展方向应该是："内生式"＋"高科技"，即：在自身产业发展壮大、原有产品稳定发展、市场份额扩大的基础上，提升产品的高科技含量，加大高新产品的研发力度，增强中高端产品的研发水平，从而成为盛名满载的"中国专用汽车之都"。

在随州形成专用汽车产业集群，其实就是形成同一地域与同一专用汽车行业间在行业文化、产业技术链、产业价值链和专用汽车产业资源上的集合。专用汽车产业集群可以促进专用汽车产业内部的劳动分工，提高集群内企业和产业的生产效率，有利于提高企业的竞争力，同时带来良好的经济效应。

重点抓好开发区、工业园区和特色功能区的规划和建设；打造三个以专用车整车企业（齐星、恒天、厦工重工）为龙头，带动多个零部件配套、销售服务、维修服务等企业集聚的现代专用汽车生态工业园；同时建立起废旧金属、工业废液、工业固体废弃物等物品的回收及综合利用体系，做好环境保护和防灾减灾工作。

（1）重点扶持齐星、恒天、厦工重工等龙头企业通过兼并重组或扩产扩能的方式来壮大规模，提高国内外专用汽车市场及配套份额；支持专用汽车与零部件骨干企业通过自主设计创新、自主技术创新、自主品牌创新和自主制度创新提升企业综合竞争力和核心竞争力。到 2015 年，实现两家企业成功上市，并在引进国际知名专用汽车企业方面取得重大进展。

（2）切实做好 4 条产品线，即专用汽车底盘产品线、专用汽车产品线、汽车零部件产品线与新能源汽车产品线。以龙头企业拉动中小企业，从核心产品向附加产品延伸，从有形产品向无形产品延伸，通过延伸策略、充实策略、带动策略、换代策略、消减策略等不同路径延长产品链条，通过不同的产品策略和营销策略延长产品生命周期，以实现产业链上下游的延伸。

（3）不断催生一批新型企业，壮大企业群体，增加专用汽车产业的"宽度"，形成相互关联、各具特色、定位准确、优势互补、差异发展的企业格局。优势企业通过"做精做全"实现"又大又强"，中小企业通过"做特做新"实现"又好又专"，同时促进优势企业通过设计创新、技术创新"腾笼换鸟"，中小企业随之紧紧跟上，从而形成互相支撑、共同进步的企业集群梯队。重点抓好随州经济开发区、曾都经济开发区的规划和建设，推动随州汽车工业成片发展、集中发展、集约发展。

（4）以资本为纽带，积极引进外资，推进兼并重组和上市，实现央企、国有、民营、外资的优势互补和资源共享以及和谐发展，促进龙头企业向中小企业辐射、中小企业为龙头企业配套。

6 湖北汽车长廊专用汽车产业研究

6.1 湖北汽车长廊发展概述

湖北专用汽车产业从20世纪50年代开始起步,在80年代前后得到迅速发展。一直以来,湖北省政府设法大力扶持和发展省内专用汽车产业,如今已经形成"武汉—随州—襄阳—十堰"的千里汽车长廊。

近年来,跨国公司通过合资形式为湖北省带来了构建与发展汽车长廊的动力。除了各大整车企业之外,政府还在积极促进湖北省零部件产业集群的形成。湖北地区已驻扎了众多实力强劲的汽车零部件企业,如神龙汽车襄阳零部件工厂、法雷奥汽车空调、荆州恒隆、湖北法雷奥车灯等。随着东风与本田的合资,近两年已有20余家日资零部件企业为东风本田等湖北本地车企配套,多数项目投资超过千万美元。

从汽车长廊的地理分布上看,武汉是我国内陆市场的中心,与香港、北京、上海、重庆等各大中心城市相距均在1000千米左右,有极强的市场集散功能和广泛的经济辐射作用。东面是以上海为中心的长江三角洲经济带,南面是粤港澳牵引下的沿海经济带,北面是京津主导的首都地区经济圈,武汉占据着重要的地理位置。随着2005年东风总部正式进驻武汉,法国PSA,日本日产、本田三大世界汽车巨头齐聚武汉,神龙公司、东风汽车有限公司、东风本田公司、东风乘用车公司、东风渝安、东风电动车股份公司等构成中国汽车市场上的"武汉集群"。

十堰是一座历史悠久的汽车城。30多年来,十堰在东风公司的直接带动下,已发展成为我国最大的载货汽车生产基地和具有较大影响力的专用车（改装车）、汽车零部件生产基地之一。目前，十堰汽车工业资产高达 445 亿元，各类汽车年产能力 25 万辆。2004 年，实现汽车工业总产值 371.53 亿元，汽车产量 17.1 万辆，产值、产量均占据湖北汽车业的半壁江山，在汽车千里长廊中具有举足轻重的地位。十堰是东风汽车公司的商用车基地，现有 14 万~16 万辆的年产量，2007 年达到 38 万辆；它同时还是东风汽车公司零部件和汽车装备的主要生产厂所在地。此外，东风实业、湖北三环、东风特汽、东风渝安、双星东风轮胎等构成十堰发展汽车产业集群的核心企业群，也为汽车千里长廊发展提供了有力支撑。

如果将武汉比喻为汽车千里长廊的引擎，那么十堰和襄阳就是这条走廊的两个轮子。襄阳汽车产业发展得好坏，是湖北汽车千里长廊能否实现双轮驱动的关键。襄阳不仅是东风商用车和乘用车重要的制造基地，也是我国汽车动力和汽车部件的制造基地，现已形成以商用车、乘用车、零部件制造为重要特征，相关产业服务配套发展的产业链。

湖北省是我国传统的汽车产业大省，"武汉—随州—襄阳—十堰"汽车工业走廊闻名全国。作为全国首个"中国专用汽车之都"的随州汽车产业则是该走廊上的一颗明珠，随州被称为这条汽车千里长廊的"车身"毫不为过。随着近年来经济、社会的快速、高效发展，随州不仅专用汽车品种齐全、特色鲜明、产业资源丰富，而且也成为中国最大的罐装车生产基地，卓然成为我国优秀、知名的汽车生产基地，是我国汽车产业区域经济发展的典范，在湖北省汽车产业中占据重要地位。

6.2　十堰专用汽车产业分析

6.2.1　十堰专用汽车产业优势分析

十堰地区的专用汽车产业优势在于背靠东风，拥有完善而健全的汽车产业链，产业配套环境发达，整体优势较强。这一优势具体体现在产业基础、生产规模以及自主品牌三个方面。

（1）产业基础初具规模

● 整机：从整机来看，在自卸车方面，由于起步较早，积累了丰富的生产经验和生产技术，自卸车生产基地在业内早已小有名气。其他类别的专用车也在同步发展，在自卸车中粉粒物料自卸车的生产厂家最多（图6-1）。

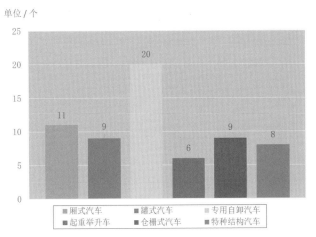

图6-2 专用汽车生产厂家数量类别统计

● 零部件：十堰在零部件领域已经拥有较为雄厚的实力。作为东风公司的卡车生产基地，十堰的零部件配套产业比较发达，不仅产品品种齐全，而且部分专用装置具备了一定的优势，如车桥、车厢、车架、液压装置、变速器等（图6-2）。

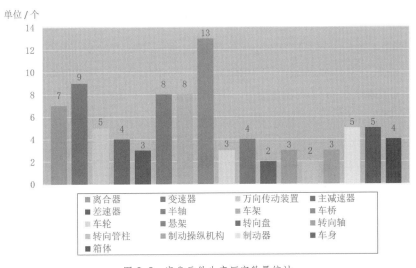

图6-2 底盘元件生产厂家数量统计

（2）规模效益较好

在规模效益上，十堰专用汽车行业现有生产能力10万辆以上，年销售收入可达50亿元以上。据了解，近几年来，十堰市每年的专用汽车产销量均在5万辆左右。

（3）创新自主品牌

在自主品牌方面，十堰已经拥有若干影响力较强的自主品牌。如神鹰公司的"神鹰"牌改装车和三环专用汽车公司的"十通"牌专用汽车等，在市场上都有较高的知名度。三环专用汽车公司已经形成独立品牌和比较健全的销售服务网络。

6.2.2　十堰专用汽车产业劣势分析

与优势相对应的是其在发展过程中存在的若干不足和发展瓶颈，具体体现在产品结构单一、无序竞争、自主研发能力弱三个方面。

（1）产品结构单一成为发展瓶颈

在十堰市，自卸车几乎占整个专用汽车产量的一半以上，罐式车、厢式车甚至半挂车在十堰都很少见。由于品种单一，十堰市自卸车厂家的生产每年都被动地随自卸车的需求周期上下波动。上半年是自卸车需求旺季，众厂家由于产能不足，存在有活忙不过来、各厂相互争抢技术工人的局面；下半年是需求淡季，各厂又处于几乎停产的状态，对工人不得不进行疏散。此外，由于多种因素影响，各生产厂家都很难付出精力去发展其他高技术含量、高附加值的产品，甚至连半挂车的发展都相当缓慢，专用车行业整体经济效益不高。

（2）无序竞争现象严重

专用汽车无序生产和无序竞争的现象比较严重。目前该市有20家企业没有生产资质；这些企业在不具备生产条件的情况下，通过购买合格证进行非法拼装，不仅对正规生产企业造成大的冲击，还严重扰乱了市场秩序。首先，这种无序竞争使产品质量得不到保证，售后服务得不到保障。其次，它迫使当地企业在价格上进行恶性竞争，使整车价格和单车利润不断下降，最终使得税费大量流失。

（3）自主研发能力弱，新产品开发速度慢、周期长

由于自卸车技术含量偏低，十堰市专用汽车生产厂家对技术一直缺乏足够的重视，既缺乏技术开发人才和专门的开发机构，科技开发资金投入也严重不足。

6.3 襄阳专用汽车产业分析

6.3.1 襄阳专用汽车产业优势分析

（1）产业基础好

十年的发展使襄阳成为东风汽车公司轻型商用车、中高档乘用车等整车和关键零部件总成的主要生产基地。襄阳专用车生产厂家数量分类统计情况如图 6-3 所示。该市有从事整车和零部件研发、试验和制造的企业 200 多家，已形成以东风汽车有限公司、东风汽车股份有限公司、风神襄阳汽车有限公司、东风康明斯公司等为主体的汽车企业群。

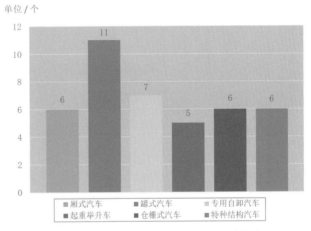

单位 / 个

图 6-3　襄阳专用汽车生产厂家数量分类统计

2008 年底，襄阳汽车及零部件加工制造的企业由 2000 年的 120 多家发展到 400 多家，其中整车和改装车企业达到 20 余家，有一定规模的企业近 200 家，年产值过千万元企业 112 家（比 2000 年增加 80 家），过亿元企业达到 30 家（比 2000 年增加 20 家），过百亿企业 2 家，从事汽车及零部件加工业人员达 7 万多人。

襄阳的汽车零部件企业已经成为整车和主机供应商的组成部分。以整车和主机企业为市场，以零部件总成企业为平台，零部件企业间形成分层次的供应链和价值链，形成产品与技术关联、质量与价格关联、市场风险与企业效益关联的互动关系。

从专用车市场来看，改装车生产企业也成为汽车产业一支重要的力量。2010年，全市生产改装车的企业有襄阳新中昌专用汽车、东风襄阳专用汽车有限公司、襄阳南车专用汽车股份有限公司、湖北襄阳特种专用车有限公司等，主要生产洒水车、油罐车、垃圾车、吸粪车、吸污车、自卸车、厢式货车、半挂车、清障车、随车吊、高空作业车、教练车、散装水泥车、化工车、消防车、混凝土搅拌车、牵引车及其他专用车辆（图6-4）。

据不完全统计，罐式车是襄阳市专用汽车中数量最多的。因其技术含量较低，故生产的厂家数量居多，涉及的罐式车种类也较其他种类的专用汽车多，其中生产运油车、洒水车、吸粪车的有5~6个生产厂家，但罐式车中的沥青洒布车、供水车、散装水泥车等较为

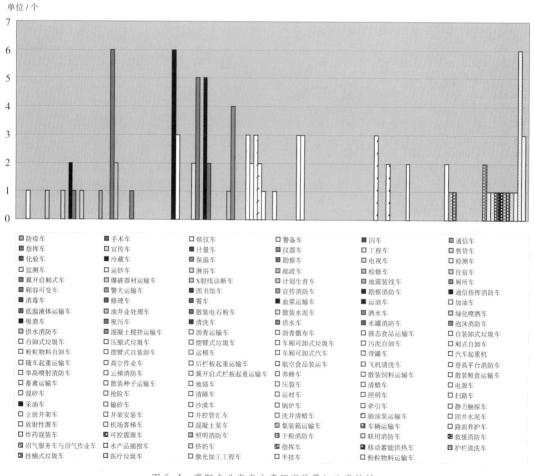

图6-4　襄阳专业汽车生产厂家数量细分类统计

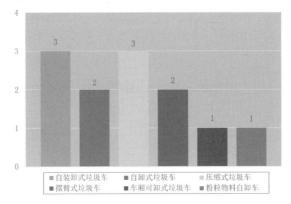

单位 / 个

图 6-5 襄阳专用自卸车生产厂家数量细分类统计

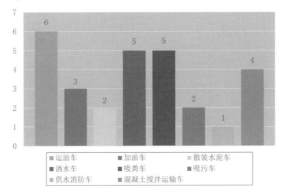

单位 / 个

图 6-6 襄阳罐式车生产厂家数量细分类统计

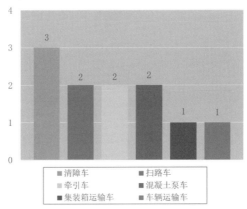

单位 / 个

图 6-7 襄阳特种车生产厂家数量细分类统计

特殊性的罐式专用车的生产厂家几乎为零。其他如厢式汽车、专用自卸汽车、特种专用汽车的生产厂家基本持平，在6~7家。从每一种类的细分类来看，特种专用车技术含量高，生产厂家不多，种类也只有6种，其中以清障车最多，达到3家。起重举升类的专用车更是少数，共有两类，分别是高空作业车和随车起重运输车，对一些特殊行业起重用途的专用车涉及较少，专用自卸车种类中以压缩式垃圾车和自卸式垃圾车的生产厂家为最多，但是像车厢式自卸车、运棉车、背罐车却均无涉及（图6-5、图6-6、图6-7）。

（2）产品结构趋于合理

襄阳生产的主要配套产品有：轿车变速器、前后桥总成、中重型车桥、铸造件、汽车轴承、汽车电气、座椅、灯具、蓄电池、车门锁、摇臂总成、汽车板簧、车身附件、车架总成、气泵、水泵、制动蹄片、活塞环、汽车齿轮、同步器等。相关支持产业集聚度提高，汽车物流、贸易、金融、维修、服务和其他相关产业企业达到200多家。

（3）零部件竞争力增强

襄阳车桥厂开发了8~15吨的载重车桥、大客车桥，除为东风8吨平头柴油车配套外，还为"沈飞""扬客""上客""柳客""杭客"等国内一流豪华客车厂提供前后桥总成；襄阳轴承厂生产的汽车轴承占全国汽车用轴承的42%；谷城石花蓄电池厂生产的骆驼蓄电池在全国同行排名第三；中航救生科技股份有限公司生产的座椅调角器替代进口，为"一汽""东风""柳汽""哈飞"以及在国内合资生产的福特、庆铃等整车厂配套；湖北摩擦材料厂生产的制动蹄片远销法国；神龙公司襄阳工厂生产的发动机缸体、曲轴及其他零部件在满足神龙公司生产需求的同时，也实现了批量出口返销。

以襄阳市现有的汽车零部件企业为基础，联合全国有关的企业、大专院校、科研院所，在襄阳市建立汽车零部件基地，从而形成一批有影响力的、可为全世界跨国汽车集团公司供货配套的专用汽车零部件集团。

6.3.2 襄阳专用汽车产业劣势分析

（1）专业化程度低，自主开发能力弱

整体而言，襄阳市大部分汽车零部件企业生产规模小，经营品种单一，产品质量差，技术含量低，难以满足大批量采购需求，只能担任二级或三级配套供应商；另有部分企业未进入整车配套市场，只是单一的社会维修服务配件供应商。由于缺乏汽车主要总成和关键部件的核心技术,襄阳市汽车零部件企业的主要产品仍然集中在一些低附加值的部件上。

（2）本地配套能力不强

襄阳市的汽车及零部件企业数量已超过 300 家,并且在产品类型上有各自不同的侧重点。但由于受产品质量、管理水平等因素的影响,半数零部件企业目前还达不到为东风配套的要求,零部件企业与整车企业的关联度还处于较低水平。全市 200 多家零部件企业中大型企业较少,小型企业较多,企业的组织结构、产品结构和市场供需结构中矛盾明显,差异性突出。特别是零部件企业不多,模块化产品较少,在产品的供应链构建中尚存在区域性供给能力不足的薄弱环节。这导致地方市场资源不均衡,相对延长了许多企业的采购半径,提高了市场成本。

（3）产业链条短

近年来,襄阳市汽车整车生产快速发展,而汽车配套产业发展相对滞后,在汽车零部件产品研发、设计、组装、改装、销售、设备制造乃至人才培训、汽车零部件会展、相关软件、物流、汽车文化推广等环节都处于起步阶段。由于这些关联与配套产业发展滞后,其产业链条难以拉长。

（4）汽车零部件制造商的水平良莠不齐

集群内汽车零部件制造商的水平良莠不齐,多数企业不能达到东风公司的配套标准,在集群内部存在着两极分化的趋势。襄阳拥有国内顶级的汽车零部件供应商,如襄阳轴承厂是全国最大的汽车轴承专用制造企业,湖北中航精机是国内最大的汽车座椅调角器生产企业,东风德纳车桥是亚洲最大的重型车桥企业,但更多的是规模小、研发能力差的小型企业。东风公司的全球采购战略和良莠不齐的零部件制造商水平,使集群内部的采购率低于 20%。这使得整车制造商和零部件供应商不能利用集群内流通的成本优势,影响了汽车企业的盈利能力。

（5）产业扶持政策有待完善

襄阳市至今未出台鼓励汽车零部件产业发展的政策意见,这与襄阳市汽车零部件产业迅速发展的现状不相适应。因此,有必要建立健全鼓励、引导汽车零部件产业发展的政策体系。同时,襄阳市汽车产业的中介服务机构也有待加强。

6.4 武汉专用汽车产业分析

6.4.1 武汉专用汽车产业优势分析

（1）产业基础好

① 整机：武汉市拥有规模以上汽车工业企业（全部国有及年销售收入500万元以上的非国有企业）127家（图6-8、6-9）。其中，整车生产厂4家，改装车生产厂17家。整车生产企业显现龙头地位。神龙汽车有限公司加大技术改造投入，进一步扩大生产规模，在产业链的发展中始终发挥龙头作用。同时，引进组建整车生产企业，产业规模进一步壮大。通过引进合资、资产重组，已有东风本田汽车（武汉）有限公司、东风汽车有限公司、东风电动车辆有限公司等4家整车生产企业集中落户在武汉经济开发区，发挥出企业的聚集效应，使武汉成为全国汽车工业的重要生产基地。此外，改装车生产企业成为汽车产业一支重要的力量。2010年，全市生产改装车的企业有武汉公用客车厂、武汉市政环卫机械有限公司、湖北建设机械有限公司、武汉神骏专用汽车制造股份有限公司等，主要生产城市公交客车、高级豪华客车、轻型客车、中长途客车、物料罐式车、液体罐式车、混凝土搅拌运输车、散装水泥运输车及其他专用车辆，年产量达一万余辆。其中，

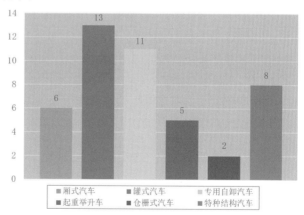

图 6-8 武汉市专用车生产厂家数量分类统计

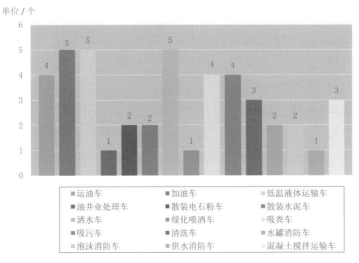

单位 / 个

图 6-9　武汉罐式车生产厂家统计

罐式车和专用自卸车生产厂家分别达到 13 家和 11 家，占主导地位。

② 零部件：武汉汽车零部件产业发展步伐加快。2006 年，武汉市有规模以上汽车零部件生产企业 75 家，年销售收入 5000 万元以上的有 19 家，过 1 亿元的有 11 家，其中 60 家企业为神龙汽车有限公司配套，产品达 600 余种，初步形成机械、电子、化工、纺织、塑料五大序列产品，已由单一产品发展到系列产品、基本部件发展到总成部件，产品结构得到优化升级。（图 6-10）。

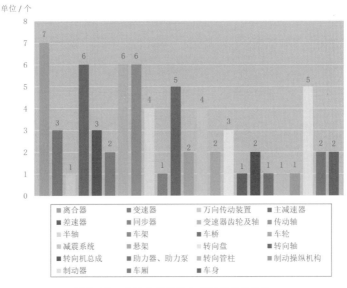

单位 / 个

图 6-10　武汉市零部件生产厂家数量统计

（2）整车厂实力强大

目前，神龙、东风本田等生产线都是引进世界的最新技术，同一生产线生产多种车型，并且采用国际化管理标准，使整车制造具有国际先进水平。其中，东风和法国雪铁龙的合资是国家"八五"期间汽车领域最大的合作项目。

（3）配套企业逐渐增多

在经济技术开发区内，已有160多家大小配套企业，外资、合资企业纷纷落户武汉，规模大小不等，产品逐渐多元化。其中法雷奥车灯具有世界领先水平，在武汉建有研发中心，其生产的车灯具供应整个亚洲市场，另外还有合资企业李尔云鹤座椅及上市公司福耀玻璃等。一些汽车配套企业已经具备研发、设计、生产、配套一条龙的实力，同时一些高端技术产业正在逐渐成长起来。

（4）自主研发能力形成

东风电动车项目已建成投产并参与国家"863"计划，得到国家科技部的高度认可。开发区内研发中心已达33家，独立研发机构12家，总投资超过33亿元。2007年9月19日，东风自主品牌乘用车项目武汉工厂破土动工，一期工程年产量将达16万辆。

6.4.2　武汉专用汽车产业劣势分析

近年来，武汉以神龙汽车公司为依托，依靠地缘优势，汽车产业得到长足发展。特别是2003年，世界三大汽车企业会师武汉沌口形成集聚态势，为武汉市汽车产业注入了新的活力。国内汽车三巨头之一的东风汽车公司总部"迁都"武汉经济技术开发区，也大大提升了武汉在全国汽车工业中的地位。然而，在发展过程中，武汉市汽车产业仍存在核心企业缺乏市场竞争力、产业链条较薄弱、技术创新能力不强等一系列问题。

6.5 基于湖北汽车长廊的随州专用汽车产业定位

6.5.1 随州专用汽车产业优势分析

（1）汽车文化优势

50多年来形成的汽车文化已深深根植于随州人心中，融入了随州社会生活的方方面面。汽车历史文化的积淀，培植了汽车产业发展肥沃的土壤，营造了浓厚的氛围，形成随州人不能割舍的汽车情结。

（2）产业基础厚重

截至2007年底，随州市专用汽车及零部件企业172家，资产总额超过50亿元，具备年产各类专用汽车及底盘10万辆的生产能力，产品覆盖12大系列62个类别300余个品种。随州的专用车类型之多，在全国也是首屈一指的。其主要产品有：洒水车、油罐车、垃圾车、吸粪车、吸污车、自卸车、厢式货车、半挂车、清障车、随车吊、高空作业车、教练车、散装水泥车、化工车、消防车、混凝土搅拌车、平板运输车等100多个品种。车型集中，也是随州专用汽车行业发展的重要原因。专用车上装零部件产品达600余种1000多个规格，其中最具特色的是罐式车、自卸车、环卫车。

随州是我国较早开始生产油罐车的地方之一，经过多年努力，飞机加油车、液化气体运输车、低温液体运输车、化工液体运输车、粉粒物料运输车、散装水泥车、混凝土搅拌车等罐式车也先后被开发并投放市场。至2006年，油罐车年产销量达1.575万辆，居国内第一，市场占有率为40%以上。环卫车年产销量达1.1万辆，位居国内第一，其中主要是绿化喷洒车、供水车等罐式车，湖北程力专用汽车公司生产的中小型水罐车市场占有率最高。自卸车年产销量达1.8万辆，位居国内三强，其中华威公司生产的自卸车以其个性化设计、适应性强等特点得到行业高度认可。2004年底，双龙公司与美国马克西姆公司联手，开发出具有国际尖端技术的第一台前卸式混凝土搅拌车，填补了国内空白。

2010年1月1日至6月30日，中国（随州）专用汽车行业发展呈缓升趋势。总体看来，环卫垃圾车、挖掘机拖车、油罐车、洒水车、高空作业车等车型生产及销售良好，同期增长2.36%。各个企业整体经营情况良好，其中楚胜、东正、东风、新中绿、江南等销售同期升幅达6.8%，大力（随州）、航天双龙（随州）、程力（随州）、金力、合力、力神等销售数量比2009年同期增长5%以上。

（3）区位、市场及人才优势

随州地处"汉十"汽车工业走廊的中间，是湖北汽车长廊的重要节点，4条铁路、3条高速公路、3条国道贯穿全境，交通便捷，市场发育成熟，市场网络覆盖全国，专技人才丰富，储备充足，校企合作模式多样，广泛借智借力，为企业发展提供人才和技术支撑。

（4）市场空间巨大

目前，随州的专用汽车在国内市场已经占有相当的份额，还有很多产品已经进入国际市场，主攻方向是俄罗斯和东南亚几个国家。随着全球经济的不断发展，专用汽车的应用领域将非常广泛，涵盖医疗、抢险、工程、消防、环卫、保温等行业；国内国际市场对专用汽车的需求将不断加大，随州市的专用汽车在全国乃至一些国家及地区具有一定的信誉度和知名度，其市场网络比较健全。因此，随州发展专用汽车潜力巨大。

（5）政策环境优势

"十二五"时期，西部大开发、振兴东北老工业基地、新农村建设、"汽车下乡"、传统制造业转型升级等，都为随州专用汽车产业提供了历史上难得的发展机遇。国家继续实施扩大内需的政策，促进中部崛起战略加快实施。湖北省委省政府实施的"两圈一带"战略、武汉城市圈"两型社会"建设实验区以及产业资本双向转移加快等，尤其是省部共建"中国专用汽车之都"，将随州专用汽车产业发展提升到湖北省经济建设的战略层面，明确提出全力支持随州打造千亿元汽车产业集群，建设名副其实的国内一流、国际知名的"中国专用汽车之都"。这些政策环境优势必将进一步推动随州专用汽车产业的蓬勃发展。

6.5.2　随州专用汽车产业劣势分析

（1）无资质小作坊大量出现，严重扰乱正常的市场秩序

这些无资质小作坊投入少、规模小，管理不规范，产品质量差，存在严重的安全隐患，

其中一部分更是有活干就开门，没生意就关门，产品质量无保证，员工生活无保障，缺少基本的社会责任感。由于这些小作坊生产的产品质量差，成本低廉，其对正规企业的产品形成较大的市场冲击。

（2）产品同质化现象突出

由于企业数量多，实力和创新能力弱，产品同质化现象非常突出。在随州，虽然有资质的企业有近13家，但这些企业大多数以生产普通罐式车为主，产品成本差异并不大。为了争夺市场，各企业之间相互压价，价格战不可避免。

（3）技术进步较慢，企业研发投入热情不高

由于产品同质化现象严重，技术含量不高，附加值不高，企业根本赚不到钱，也就无心无力在技术改造和产品研发上加大投入，影响了技术进步，形成了一个恶性循环。一家大型专用汽车的老总向本书研究人员"掏心窝"地表示：不是他们不愿意投钱搞研发，而是"心有余悸"，每次新产品面市，往往不出一个月，其他企业的同类品就跟着出来了。无独有偶，在第三届上海国际专用汽车暨零部件展期间，不少企业认为把新产品拿出来参展无异于"把衣服脱光了给人看"，同行很快就会拷贝出同样的产品。而一些有实力、有发展眼光的企业想引进或开发先进产品，有时又顾虑重重，担心自己花了大量资金和时间研发出来的产品被同行廉价拷贝。

（4）地方政府监管不力，明紧暗松，导致很多小企业一哄而上

近几年来，国家加大了对专用汽车市场的监管力度，对于非法改装企业进行过几次集中整治，可每次整治之后，非法改装又很快抬头。对于其中原因，一位业内人士称，是因为一些地方谙熟其中的"奥妙"：中国地域广阔，专用汽车企业众多，国家根本就管不过来，治理力度有限。地方政府为了税收、就业等现实问题，也是睁一只眼、闭一只眼，只要做好安全问题，不出事，不"出格"，没有人举报，"民不举官不究"。其结果是不仅浪费了资源，导致恶性竞争，而且严重影响地方汽车产业的健康发展。

6.5.3　随州专用汽车产业 SWOT 分析

湖北整个汽车长廊专用汽车行业发展存在一些不容忽视的问题，产业大而不强，资源优势还没有完全转化为产业优势和经济优势，没有强势龙头企业，存在产品类型趋同、市场布局重叠、低档次重复建设、专业化程度不高、分工协作不强等问题。少数企业为抢占

销售市场，恶性竞争、争抢技术和人才的现象时有发生，高技术、高附加值的产品较少，自主开发、拥有自主知识产权的产品不多。

随州在整个设计长廊中具有自己一定的优势与劣势，既有机遇，又有挑战（表6-1）。

表6-1 随州专用汽车产业SWOT分析

		内部能力	
		优势（Strength）	劣势（Weakness）
		◇被授予"中国专用汽车之都"，有良好的品牌效应 ◇产业基础厚重，其中罐式车、自卸车、环卫车最具特色 ◇技术优势明显 ◇市场空间巨大 ◇政府倾力推进	◇没有资质的小厂大量出现，严重扰乱了正常的市场秩序 ◇产品结构单一，低端产品多，高技术含量、高附加值产品少，产品同质化现象突出 ◇自主研发能力弱，产品技术含量低，新产品开发速度慢、周期长 ◇产业链不完善 ◇地方政府监管不力，明紧暗松，导致很多小企业一哄而上
外部因素	机会（Opportunity）	SO	WO
	◇国民经济将保持平稳发展 ◇国家大力加强基础设施建设 ◇城市发展建设 ◇可持续发展战略 ◇出口发展战略 ◇政府的大力支持	◆加快发展步伐 ◆以现有的产业优势扩大影响力，增强现有企业自身竞争力 ◆提高产能 ◆开发新产品 ◆提升品牌影响力	◆优化产品结构 ◆选用新型材料和技术 ◆掌握核心技术，增强自主创新能力 ◆自主生产关键零部件 ◆提高管理水平 ◆增强创新意识 ◆加强政府监管
	威胁（Threat）	ST	WT
	◇国家政策的不稳定性，造成运输类专用汽车市场需求的不均衡性 ◇未来市场竞争加剧 ◇市场参与者增加，竞争环境恶化 ◇传统优势（劳动力、原材料成本低等）的弱化	◆符合国家产业政策，政府支持 ◆发展重点与外省有所区别 ◆引进高技术人才，建立专用汽车研发技术人才中心	◆加强优势产业 ◆完善产业链 ◆政府放开政策 ◆完善制度机制

6.5.4 湖北汽车长廊中的随州专用汽车产业定位

　　随州专用汽车经过近 50 年的发展，从无到有，从小到大，从弱到强，专用汽车及零部件生产和销售企业达到 172 家，全行业资产总额为 50.4 亿元，从业人员 12000 多人，已能够生产 62 个类别 300 多个品种的专用汽车产品，创造了罐式车产销量等 5 个全国第一。2007 年，全市规模以上汽车工业实现增加值 15.9 亿元，约占全市工业增加值的四分之一。汽车产业已经成为随州市发展速度最快、拉动力最强的支柱产业，成为随州市经济增长的重要力量、就业富民的重要渠道、财政收入的重要来源。随州地处武汉至十堰汽车工业走廊中段，是中国专用汽车主要发源地和主要生产基地，专用汽车产业综合实力居全国首位。在汽车产业这一块，随州市委、市政府明确提出，要打造"中国专用汽车名城"。随州市有东风专用汽车生产资质的企业已达到 13 家，有一批叫得响的产品、品牌，有一大批熟练的工人、专业技术人员和营销队伍。

　　汽车制造产业是随州的经济引擎之一。随州汽车机械制造业是武汉至十堰汽车工业走廊战略中的一个重要节点。随州依托总部在武汉的二汽东风等大型公司，建起全国最大的以东风油罐车、东风自卸车为主的改装汽车生产基地和以铸件为主的汽车零配件生产基地。

　　要充分发挥随州市地处"汉十"汽车工业走廊和汽车及零部件制造业基础较好的优势，加快发展专用汽车和汽车零部件制造业，提高产品档次，扩大生产规模，发挥随州专用汽车的品牌优势，增强与国内外知名企业的配套能力，建成全国乃至世界知名的专用汽车生产基地。

6.5.5 随州专用汽车产业发展思路

　　（1）调整优化产业结构

　　做精做专中小企业，以转变发展方式、优化产业结构为重点，着力完善企业发展的外部环境，引导中小企业提高自主创新能力，全面提高中小企业的整体素质和市场竞争力；由"线"到"面"，兼顾发展与规范、管理与放开，有张有弛，重点培优。

　　推进引资、联合、重组，完善政府的宏观调控方式和手段，由"面"到"体"，加快专用汽车产业组织结构调整和产品结构调整。积极推进优势企业联合兼并，引导形成优势互补、集中发展的格局；积极推进零部件资源整合，扩大规模、提高产能、丰富产品，不断增强企业实力，扩大市场份额；积极引进主机厂和外资，坚持引"资"和引"智"并重，注重引进国内外先进的理念、人才、管理和制度，不断深化企业改革，促进企业在改革中创新、在创新中壮大。

（2）调整产品结构

我国专用汽车行业中普通自卸、罐式等专用汽车的产能已经饱和，行业竞争激烈，不建议再投资或引进此类生产企业。

对随州而言，应继续保持自有罐式车的龙头地位，发展罐式车中较为特殊的沥青洒布车、供水车、散装水泥车等市场上稀缺的专用车。对当前专用汽车所面临的政策环境和市场形势进行分析，可以看出，各行业对专用汽车尤其是重型专用车的需求越来越大，重型自卸车、散装水泥车、混凝土搅拌车、高空消防车、压缩式垃圾车、市政用车、油田专用车等重型专用车将更加赢得用户的青睐。随着城镇化进程的加快，对建筑、环卫、环保、园林、电力、通信、金融以及各类商业运输方面的专用汽车将产生较大的需求，城市建设所需自卸车、混凝土搅拌车、散装水泥车等，以及城镇环卫所用的垃圾车、清扫车、消防车等专用汽车必然增多。公路建设的迅猛发展使公路养护、管理及事故救援的专用车，如抢险车、清障车、现场照明车、急救车、洒水车等需求量将会增多。面向未来，随州可以考虑发展湖北汽车长廊的缺项，甚至是填补国内空白的产品（如运马车），或者技术含量高、附加值高的产品，如高等级公路养护车等。

随州专汽企业在政府的大力支持与引导下应开展关键技术研发，围绕《汽车产业技术进步和技术改造项目及产品目录》开展技术改造和产品升级。引导和支持专汽企业重点发展不锈钢、铝合金等新型材料的轻质、高档罐式车辆，适合高等级公路运输的重型牵引车、各种专用半挂汽车，道路养护、抢险救援等高等级公路服务车辆，配套服务提升城市功能的市政类、环卫类、文化生活类、医疗类、城建工程服务类、消防类等各种车辆，以及开发出油田专用车、机场专用车和重大工程类用车等类别更多、品种更多、适销对路的高新技术产品。

（3）提高产品技术含量

我国专用汽车行业重点发展的产品主要是配套服务于城市功能发展类车辆、高等级公路服务车辆、重大工程作业类车及煤炭运输车、"三农"车辆等特殊车辆，这些产品在湖北随州的发展更具优势。随州专用汽车技术发展方向是：铝合金、不锈钢材料应用技术，机电气液一体化技术及微电子、智能化、自动化应用技术，模块化设计技术，专用装置设计及制造技术等。随州专用汽车企业应加大科技开发投入、市场投入、自主验证能力投入在企业经营投资中的比重，提升企业综合竞争能力；支持企业建立原始创新、集成创新、消化吸收再创新产品技术开发机制，快速掌握国际先进技术，促进参与国际竞争能力的提高。

从整个汽车长廊来看，各个区域专用汽车企业的技术水平开发能力和综合实力近几年明显增强，开发出了一些技术含量和附加值较高、可满足多种需求的新品。但是这些成绩的取得，大多是在引进、借鉴国外同类先进产品的基础上实现的，关键部件及匹配等核心技术掌握程度明显不足，自主创新、产品耐久性不够。目前，"汽车设计长廊"中专用汽车设计、生产仍基本停留在仿制阶段，设计开发雷同现象十分普遍，从而导致产品的"一致性"非常高。

还有一种普遍的现象：如果一段时间内一种类型专用汽车的市场需求很大，则很多厂家会一窝蜂似的组织设计生产，甚至有的小改装厂"照葫芦画瓢"出售拼装车辆，这些现象在专用汽车产业基地内表现得尤为突出。这些质量、性能良莠不齐的专用汽车很快会破坏专用汽车行业的市场环境，使正规的生产厂家蒙受巨大损失，也使正规厂家技术开发的积极性受到严重打击。为此，建议随州专用汽车企业应当依据自身竞争优势，紧跟市场步伐，积极调整产品结构，同时紧盯国外的先进技术和工艺，不断推出具有自主核心技术的专用汽车新品，这样才能使自身不断创新和发展，永远立于不败之地。

政府可以考虑引导自主设计创新。以湖北省专用汽车设计服务平台为依托，将工业设计作为企业新产品开发的驱动力，通过产学研合作，在对市场需求做出正确分析预测的基础上，有效整合现有技术，在技术供给与需求之间实现创造性匹配，通过集成创新、二次创新、微创新等设计创新路径，实现一车多型、一车多用。根据市场现有需求和社会潜在需求，向社会各领域开发新产品。另外，完善自主技术创新制度。政府引导企业围绕《汽车产业技术进步和技术改造项目及产品目录》开展技术改造和产品升级。加大研发投入，突破专用车底盘、专用车装置等共性技术和关键技术；加快新材料、新工艺的应用，提高专用车的节能、环保和安全技术水平；加强科研技术成果转化，优化制造环境即生产过程中所需的加工工艺和设备，加强制造工业技术群（加工和装配技术群）与支撑技术群（支持设计和制造工艺两方面取得进步的基础性的核心技术）的建设，完善制造技术基础设施，全面提高制造技术；零部件生产企业要按照系统开发、模块化配套的发展趋势，与专用车企业建立长期战略伙伴关系，积极参与专用车企业的产品配套开发，不断提高零部件系统开发水平。支持具备条件的企业申报高新技术企业、创新型（试点）企业，建设国家级或省级技术中心、工程研究中心和重点实验室。对具有国内先进水平和自主知识产权的研发项目，优先给予自主创新专项资金支持；对符合《汽车产业技术进步和技术改造项目及产品目录》的项目，优先列入省市科技计划。

（4）以专用车带动零部件产品

虽然湖北汽车长廊中的襄阳市已经建立了关键零部件生产基地，武汉、十堰也都有自己的零部件优势，但是大部分适用于乘用车和商务用车。在专用车关键零部件方面，十堰侧重于生产如车桥、车厢、车架、液压装置、变速器等，襄阳生产厂家生产最多的就是轴承、制动器、车桥等，但是如清洗车的高压柱塞泵、扫路车的组合阀块，混凝土搅拌车的液压马达、大吨位自卸车的液压系统等，清一色地为合资或国外进口产品，国内同类产品的质量、寿命等还无法满足使用要求。

随州应重点支持齐星车身、东风车轮、全力铸造、华龙车灯、大航汽配、楚威车桥等企业加大科技投入，扩大生产能力和市场开发力度，对部分关键配套产品先采购后研发，自主配套，延伸产业链条，建立健全市场营销网络，积极拓展外界市场。重点支持发动机总成、燃油供给系统、车身内饰系统、电器照明系统、电子控制和信息系统关键零部件的开发生产，促进高水平汽车模具和精密铸锻件、精冲件发展，提高专用汽车零部件和专用装置产品水平，进一步壮大具备模块分装能力的配套企业规模。重点发展车桥、座椅、汽车工具、汽车铸件、变速箱、液压件、油箱、底盘、工程覆盖件等产品。

另外，专用汽车底盘也十分匮乏。湖北生产的专用车，大多采用东风、解放、斯太尔、依维柯等普通载货（客）车底盘，经过调整轴距等的小幅度改动进行改装，根本谈不上特种车专用底盘的技术储备；生产出的大部分专用车是技术含量低、售价低的劳动密集型普通专用车，如低吨位自卸车、半挂牵引车、罐式车、邮政车等。即使目前国内厂家生产的比较先进的斯太尔系列汽车底盘，其技术在国际上已经显得很落后，在国际竞争中处于非常被动的地位。所以，随州专用汽车关键零部件发展还有很长的路要走。

（5）强化产品的市场导向

以市场需求为导向，保证各种工程类运输车辆、工程作业类车辆、厢式及半挂类运输车辆、城市功能服务类车辆等的产业规模，以满足国民经济建设的基本需要。结合"汽车下乡"政策，积极发展满足新农村建设需求的各种专用车辆；积极开拓国际市场，可以从以下三方面着手：其一，近几年产量大的品种；其二，近几年增幅大且增加数量大的品种；其三，有发展前景、国内生产厂家少的品种，如市场空间很大市政用车。

近年来，随着城市规模的扩张，环卫工作也变得日益紧张，市政用车的需求量逐步增长。具体来看，如环卫垃圾车、洒水车、清扫车、吸污车、压缩垃圾车、挖车、拖车、水泥搅拌车、高空作业车以及高速公路护栏和市区道路护栏清洗车、高层建筑外墙清洗作业车、防疫消毒车、带粉碎和喷洒装置的城市园林用车等都将有大的发展。随着国际金融危机的冲击，专用车市场产销量增长主要受国家投资政策的影响，产品结构性增长特征明显。受政策拉动，工程类专用车增幅较大，成为政策的最大受益者。运输类专用车中，中长途运输车由于受物流行业持续不景气影响，降幅较大，起色不明显。城市物流专用车受一些城市淘汰黄标车、规范城市物流等政策影响，市场需求好于预期。作业类专用车由于技术含量高、个性化特征强，用户群体比较固定，政府采购占较大比重。

（6）加强人才培养

出台人才专项管理办法，研究制定人才队伍稳定制度，明确与优化各类人才、各层次人才优惠待遇及相适应的培养办法。营造优良的竞争环境，让优秀人才脱颖而出。针对不同类型，不同层次的人才特点，研究制定人才政策，营造吸引人才、培养人才、留住人才的软环境。建立健全专用汽车产业相关人才管理和激励机制，推动人才体系的建设完善。引进高层次人才，招聘优秀应届大学生，选拔企业管理人才参加专项培训，组织本地专业技能型人才提升技术水平。

（7）健全产业服务体系

可以考虑搭建湖北省（随州）专用汽车设计服务平台、湖北省（随州）专用汽车信息服务平台、湖北省（随州）专用汽车营销服务平台、湖北省（随州）专用汽车人才服务平台、湖北省（随州）专用汽车金融服务平台、湖北省（随州）专用汽车物流中心、中国（随州）专用汽车博览中心、中国（随州）专用汽车检测中心、中国（随州）专用汽车技术中心、国家高新技术产业示范基地、国家科技兴贸创新基地、国家汽车及零部件出口基地、中国（随州）国际专用汽车博览会、中国（随州）专用汽车发展论坛等，建立健全"中国专用汽车之都"的产业服务体系。

（8）促进随州专汽品牌形成

大力建设中国（随州）专用汽车博览中心，包括专用汽车展销场馆和专用汽车博物馆。通过两年一度的国际专用汽车博览会提升随州专用汽车之都的形象，通过专用汽车博物馆建设，更好地营造专用汽车之都氛围，全面推动随州专用汽车产业的发展。

建设一展一会，搭建活动平台。以"中国（随州）专用汽车博览会"为载体，配合"中国专用汽车发展论坛"，广泛组织开展招商引资、学术交流、项目洽谈、产品展销等多种形式的活动，借机造势，向国际国内市场推介随州专用汽车。

扩大宣传渠道，加大宣传力度。打响"中国专用汽车之都"的金字招牌，以专题片、城市主题雕塑、中国（随州）专用汽车博览中心、公益活动等多种宣传形式，提升"中国专用汽车之都"的知名度和美誉度。

既要着力引进国际国内知名品牌，又要大力培育本土品牌，谨防短板效应、乘零效应和摩擦效应，系统提高企业品牌竞争力。建立健全"政府推动、部门联动、企业主动"的品牌创建机制，从质量管理、科技进步、培育扶持、强化服务、优化环境等方面入手，支持企业发展本土品牌，争创国家知名品牌和中国驰名商标。引导大企业通过扩展多种市场渠道加强品牌建设，通过巩固创新和完善服务提升产品形象，从品牌知名度、品牌美誉度和品牌忠诚度等方面全位打造自主品牌。引导中小企业与国内外品牌公司合资合作，实现自身的劳动力成本、经销渠道、客户资源等优势与知名品牌的有机结合，借知名品牌的影响力扩大自己的规模和实力。

（9）加大政策扶持力度

争取政策扶持，用活政策。强化湖北汽车长廊中随州的地位，进一步扩大"中国专用汽车之都"的社会影响力，将湖北新引进和新扩规的专用汽车企业全部集中到随州发展。积极争取相关项目的审批和专项扶持资金。充分利用湖北省发展汽车机械产业的优惠政策，积极争取省专用汽车及零部件发展专项资金投入，加快专用汽车产业项目建设。充分发挥随州"中国专用汽车之都"的品牌效应，把握国家对汽车工业的调整政策，努力获取国家信息和技术援助，积极争取相关项目的审批和专项扶持资金。依托中国机械工业联合会的行业领导优势，借助湖北省人民政府的力量，为随州专用汽车产业发展提供产品研发、市场营销、品牌推广等支持，深化协议内容，充分发挥资源优势，不断创新工作思路，落实共建协议，深化政策。

用好政策，加大补贴力度。重点支持关键项目、重点项目，在项目用地、项目投资、进口关键设备、基础性技术研发，以及新能源汽车购置、运营、建设等方面给予补贴。

发挥杠杆作用，整合政策。建立湖北专用汽车产业发展基金，扶持重点产业集群，争创区域品牌，提供关键和重大技术支持，进行创业辅导，加强服务体系和工业园区建设等。

推进自主创新，落实政策。以奖励、补贴、配套等形式对企业的自主创新和设计研发活动进行支持，如参加国家或行业标准制定、专利申报、科技奖励、科技攻关、高层次工程技术中心建设等。

7 随州专用汽车特色产品研究

7.1 基于湖北汽车长廊的随州专用汽车整车产业研究

7.1.1 专用汽车产品分类

随着国民经济的快速发展，专用汽车的品种和数量日益增多。GB/T 17350—2009 标准将专用汽车和专用挂车分为厢式汽车、罐式汽车、专用自卸汽车、仓栅式汽车、起重举升汽车、特种结构汽车六大类，共计280余种车型（表7-1）。

表7-1 专用汽车的定义与细分

专用汽车类别	专用汽车定义	专用汽车细分类别
	【厢式汽车】装备有专用设备，具有独立的封闭结构车厢（可与驾驶室连成一体）的专用汽车	警用车、囚车、伤残运送车、运钞车、冷藏车、邮政车、救护车、检测车、通信车、教练车、电力指挥车、旅居车、餐车等
	【罐式汽车】装备有罐状容器，用于运输或完成特定作业任务的专用汽车	低温液体运输车、液化气体运输车、沥青运输车、运油车、鲜奶运输车、放射性物品罐式运输车、吸粪车、加油车、绿化喷洒车、水罐消防车等
	【专用自卸汽车】装备有液压举升机构，能将车厢（罐体）卸下或使车厢（罐体）倾斜一定角度，货物依靠自重能自行卸下或者水平推挤卸料的专用车	污泥自卸车、运棉车、摆臂式自卸车、车厢可卸式汽车、厢式自卸车、压缩垃圾车、自卸式垃圾车、散装粮食运输车、散装种子运输车、散装饲料运输车等
	【仓栅式汽车】装备有专用装置，具有仓笼式或栅栏式结构车厢的专用汽车	禽兽运输车、瓶装饮料运输车、养蜂车、桶装垃圾运输车等

专用汽车类别	专用汽车定义	专用汽车细分类别
	【起重举升汽车】装备有起重设备或可升降作业台（斗）的专用汽车	航空食品装运车、汽车起重机、高空作业车、飞机清洗车、登高平台消防车、桥梁检测车、计量检测车等
	【特种结构汽车】装备有专用装置，具有各种特殊结构，用于承担专项运输或专项作业的专用汽车	集装箱运输车、车辆运输车、运材车、渣料运输车、运砂车、扫路车、除雪车、路面养护车、混凝土泵车、二氧化碳消防车等

近年来，世界各国都大力发展专用汽车，致力于专用汽车的研究，扩大专用汽车使用范围，以提高各种货物的运输能力和效率。国外主要工业发达国家的专用汽车社会保有量占载货汽车保有量的比率都在 50% 以上（50%~70%）。

7.1.2　湖北汽车长廊专用汽车种类比较

十堰、襄阳、随州、武汉等城市共同建构了湖北汽车长廊，各地均涉及专用汽车制造，并且生产厢式汽车、罐式汽车、专用自卸车、起重举升车、仓栅式汽车、特种结构汽车六大种类。

就企业数量和规模而言，据不完全统计，至 2009 年，十堰专用汽车生产企业约 23 家，年产量约 6.15 万辆；襄阳专用汽车生产企业约 12 家，年产量约 5 万辆；随州具有资质的专用汽车生产企业约 20 家，年产量约 10 万辆；武汉专用汽车生产企业约 21 家，年产量约 1 万辆。可见，从数量上看，随州专用汽车整车生产企业最多，十堰次之，襄阳最少；从产量上看，随州专用汽车年产量最多，十堰专用汽车年产量次之，武汉专用汽车年产量最少。

在专用汽车产品种类上，据不完全统计，湖北汽车长廊生产的专用汽车中，厢式汽车可细分为 40 个品种，罐式汽车可细分为约 19 个品种，专用自卸汽车可细分为约 14 个品种，起重举升车可细分为约 10 个品种，仓栅式汽车可细分为约 5 个品种，特种结构汽车可细分为约 34 个品种。就品种数量而言，在厢式汽车方面，十堰企业涉及 28 种，襄阳企业涉及 10 种，随州企业涉及 16 种，武汉企业涉及 6 种；在罐式汽车方面，十堰企业涉及 13

种，襄阳企业涉及 8 种，随州企业涉及 17 种，武汉企业涉及 15 种；在专用自卸汽车方面，十堰企业涉及 5 种，襄阳企业涉及 6 种，随州企业涉及 5 种，武汉企业涉及 9 种；在起重举升车方面，十堰企业涉及 3 种，襄阳企业涉及 2 种，随州企业涉及 2 种，武汉企业涉及 5 种；在仓栅式汽车方面，十堰、襄阳、随州、武汉企业均涉及 5 种；在特种结构汽车方面，十堰企业涉及 10 种，襄阳企业涉及 6 种，随州企业涉及 9 种，武汉企业涉及 11 种(图 7-1)。

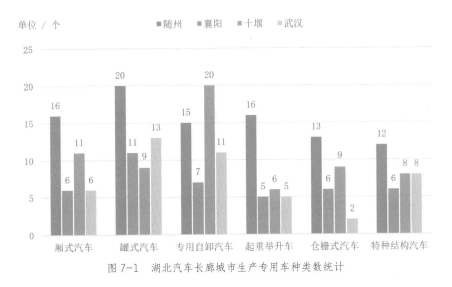

图 7-1　湖北汽车长廊城市生产专用车种类数统计

　　针对不同专用汽车品种，各地生产企业的数量也有明显差异。据不完全统计，在厢式汽车生产方面，十堰有 11 家企业，襄阳有 6 家企业，随州有 16 家企业，武汉有 6 家企业；在罐式汽车生产方面，十堰有 9 家企业，襄阳有 11 家企业，随州有 20 家企业，武汉有 13 家企业；在专用自卸汽车生产方面，十堰有 20 家企业，襄阳有 7 家企业，随州有 15 家企业，武汉有 11 家企业；在起重举升车生产方面，十堰有 6 家企业，襄阳有 5 家企业，随州有 16 家企业，武汉有 5 家企业；在仓栅式汽车生产方面，十堰有 9 家企业，襄阳有 6 家企业，随州有 13 家企业，武汉有 2 家企业；在特种结构汽车生产方面，十堰有 8 家企业，襄阳有 6 家企业，随州有 12 家企业，武汉有 8 家企业。

　　通过比较发现，四大城市均以生产罐式汽车与专用自卸汽车的厂家居多。

　　（1）随州是中国最大的罐式汽车基地，国内市场的占有率达 40% 以上，比较优势明显。

　　（2）十堰在专用自卸汽车上优势最为显著，厂家众多，但产品结构单一、自主研发能力较弱、市场竞争无序。

（3）仓栅式汽车细分种类全覆盖，四地较为均衡，各地优势均不明显。

（4）特种结构汽车生产种类普遍偏少，发展空间较大。

（5）起重举升车由于技术等方面的影响，普遍较弱。

从产品种类来看，随州应该在保持罐式车、厢式车相对优势的基础上，加强仓栅式汽车和特种结构汽车的研发与生产，规避专用自卸汽车的市场风险。

7.1.3 随州专用汽车产品优势分析

作为"中国专用汽车之都"，随州专用汽车品种最齐全、特色最鲜明、产业资源最丰富。就产品类型而言，随州生产加油车、运油车、飞机加油车、液化气体运输车、低温液体运输车、化工液体运输车、粉粒物料运输车、散装水泥车、混凝土搅拌车、绿化喷洒车、下灰车、供水车、消防车、草籽播撒车、随车起重运输车、仓栅车、专用自卸车、吸粪车、吸污车、鲜活运输车、高空作业车、清障车、卫生防疫车、移动电瓶车、厢式车、半挂车、客车等62个类别300余个品种的专用车。在整个湖北汽车长廊的专用汽车产品中，随州罐式车、自卸车、环卫车最具特色。

随州是我国较早生产油罐车的地区之一。随州所有整车企业中，生产罐式车的企业比例达到100%。经过多年的发展，随州的飞机加油车、液化气体运输车、低温液体运输车、化工液体运输车、粉粒物料运输车、散装水泥车、混凝土搅拌车等罐式车也先后被开发并投放到市场。到2009年，该市油罐车市场占有率为40%以上，居国内第一；环卫车年产销量均居国内第一，主要是绿化喷洒车、供水车等罐式车；湖北程力专用汽车公司生产的中小型水罐车的市场占有率也相当高；航天双龙的罐式车、大力公司的压力容器专用车也很有特色。

随州自卸车年产销量达1.8万辆，属国内三强之一。其中，华威公司生产的大马力自卸车以个性化设计、适应性强等技术特点占得先机；随州专用汽车不仅产品品种齐全，而且制造水平较高，部分产品填补国内空白；航天双龙公司早在2004年就与美国马克西姆公司联手，开发出具有国际先进水平的前卸式混凝土搅拌车，填补了国内空白。此外，齐星公司的房车自2007年下线就赢得业内一片喝彩。航天双龙的治沙植草喷播车填补了国内空白。治沙植草喷播车将搅拌好的泥土、含草种子、土、水、有机肥等按治沙荒漠化土地的状况，均匀地布撒或喷播在亟待治理的荒漠化土地上，7天左右即可长出约10厘米高的草。我国荒漠化土地占国土面积的27.46%，治沙植草喷播车市场前景广阔。合力与武汉大学卓越科技公司联合开发的道路检测车，不仅填补了国内空白，而且达到了国际先进水平。

此外，随州罐式汽车中的低温液体运输车、洒水车、吸污车、吸粪车、清洗车，自卸汽车中的压缩式垃圾车、摆臂式垃圾车，厢式汽车中的冷藏车、房车，起重举升车中的随车起重运输车，特种结构汽车中的扫路车及清障车等，在湖北专用汽车领域都可称为具有一定特色及优势的产品（图7-2）。

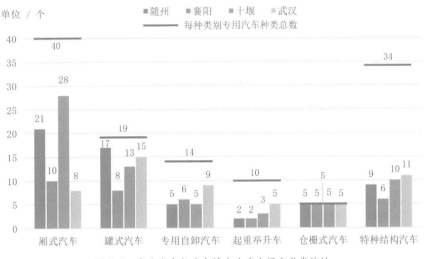

图 7-2 湖北汽车长廊各城市生产专用车种类统计

7.1.4 罐式车企业专题分析

虽然随州罐式车在整个湖北地区占有很大的优势，但是和国内一流罐式车企业如星马股份、重汽运力等比较，它在技术、销量、配套体系等方面还有很大的差距。

（1）柳州运力的启示

目前，广西柳州运力专用汽车股份有限公司技术中心拥有中高级技术职称的科研人员20余名，建成了一支以行业内知名专家为学科带头人、专业门类齐全、技术力量雄厚的科研队伍，逐步形成了一支在国内专用汽车行业具有相当影响力的技术带头人队伍。技术中心作为公司发展战略的重要技术支撑，承担着公司新产品、新技术、新工艺和新装备的研发任务，同时是高新技术产业孵化器、对外技术合作与交流中心。技术中心下设罐式车研究室、液压举升类产品研究室、标准信息研究室、工艺研究室四个科研科室和一个产品试制车间。技术中心遵循"改造一代、开发一代、储备一代"的产品开发思想,实施"技术领先""产品差异化"两大技术发展战略,加速新产品开发,不断完善罐式系列、液压举升类系列两大产品线。近年来推出了全新结构散装水泥车、欧洲标准配置的运油车及加油车;拥有自主知识产权,具有国内先进水平的新产品共 10 个;实施老产品技术改进项目 20 多项,累计增创产值 1.2 亿元,利润 500 多万元,技术创新体系的开发速度也提高到以前的 3 倍。同时,在罐式车进出料设计、液压系统匹配、液压系统控动技术、计算机自动控制系统、结构件设计方法等方面形成了一批专业技术。多年来,技术中心承担了多项自治区及地市级科技攻关项目和重大装备项目,研发了散装水泥车、混凝土搅拌车、后装压缩式垃圾车、车辆运输半挂车等一大批新技术产品,特别是通过承担自治区级欧洲标准配置的运油车及加油车项目,研制出新一代运油车及加油车,促进了运油车及加油车的技术升级换代,攻克了一大批制约油罐车产品研发的关键技术,极大地提高了国产油罐车的市场竞争力,大部分产品已实现替代进口。目前,技术中心正与南京理工大学、武汉理工大学、广西大学、桂林理工大学及广西工学院等高校建立稳定的密切合作,共同致力于研发一批专用汽车新产品,既对全面提升公司专用汽车研发水平起到极大的推动作用,又培养了一大批企业急需的高层次技术人才。

（2）随州东特的启示

随州市东特有限公司主要是基于东风、北奔、重汽、陕汽、加分昂、华凌、江淮等二类专用车底盘进行改装。注册商标"特运"牌被评为"湖北省消费者满意产品",世界制造厂识别代码为"DTA"。值得一提的是,东特是中国塑料加工工业协会专委会第一届理事会员单位,致力于成为中国化工液体运输和滚塑加工行业的龙头企业。东特以发展化工车为企业特色,主要包括液体集装箱系列和罐式集装箱系列(图 7-3、图 7-4),在防腐罐、化工液体专用集装箱和内防腐材料等方面具有明显优势。

图 7-3　液体集装箱

图 7-4　罐式集装箱

东特自 2006 年起主要经营防腐罐、无锡滚塑车，年产量约 100 台，三包率为 60%。后来与北京化工大学和中国滚塑协会等研究机构交流与合作，从内防腐材料与技术上对防腐罐进行改进。与此同时，研究化工车在中国交通运输法规上的变化，根据交通部 9 号令《道路运输从业人员管理规定》，准备建立化工类产品半挂线，制作具有国际先进水平的化工液体罐式集装箱和容积最大的储罐。化工类专用汽车在材料方面主要的要求是安全性高，不同类型的产品对于材料的要求不同，大致涉及防腐、防潮、防泄漏、强度高等方面。随着产品开发种类的增多，其对于材料性能的需求也会增多，因此，企业应加大对材料技术的研发力度，做到安全、环保、成本低。

（3）柳州运力与随州东特的比较

在技术层面，柳州运力针对罐式车进出料设计、计算机自动控制系统、结构件设计方法等展开研究，随州东特则针对化工用品的内防腐材料展开研究，它们都在强化"技术领先"的优势；在产品层面，柳州运力的新结构散装水泥车、欧洲标准配置的运油车及加油车等以"多样化"实现"差异化"，随州东特则瞄准化工原料运输这个特定行业，以"专业化"实现"差异化"；在产品研发上，它们都强化了产品的结构创新；在发展路径层面，柳州运力与南京理工大学、武汉理工大学、广西大学、桂林理工大学及广西工学院等高校合作，随州东特与北京化工大学、中国滚塑协会等机构合作，借助多元资源走"产学研合作"的道路。由此可见，"技术领先"是罐式车的核心竞争力，"产品差异化"是罐式车的发展方向，"产学研合作"则是罐式车的发展路径。这几点对其他专用汽车企业的发展具有借鉴意义。

7.1.5　随州专用汽车特色产品与企业发展建议

（1）齐星房车

① 齐星公司概况

齐星汽车车身股份有限公司始建于 1980 年，属国有参股大型股份制企业，于 2008 年 8 月 31 日完成企业改制，发展平稳。公司坚持科技兴企、人才强企、持续投入、多业并举的多元化发展战略，追求回报国家、企业跨越发展、职工收入提高的企业方针，经过顽强拼搏和不懈努力，从一个街道自行车配件小厂一举发展成为以生产经营特种汽车底盘、汽车改装、专用房车、汽车驾驶室及模具制造、汽车高分子内饰为主，集太阳能光伏材料、化工、生物农药、纺织、房地产、酒店等科工贸一体化的国家级高新技术企业。它拥有机械制造、精细化工、晶星高科、轻工纺织、精工铸造五大工业园区，也是国内唯一的特种异型汽车驾驶室总成工程技术研究中心、湖北省博士后产业基地，具备军工装备科研生产资质。

齐星公司生产的房车有两大系列：一是旅居房车系列；二是移动式工程房车系列。包括工程房车、移动工程房车、新闻流动采访编辑车、电视转播车、影视导演移动工作车、流动广告宣传车、移动舞台宣传车、消防指挥车、刑事勘察车、自行式旅居房车（图7-5）。

图7-5　齐星自行式旅居房车系列：全顺V348

② 对齐星房车的发展建议

材料：箱体部分应具备良好的隔热隔音、防腐蚀性能，同时要求强度高、质量轻，结构上具有良好的综合机械性能，以保证不被破坏及损伤。通过应用复合制板箱体技术，加之黏合技术的发展，企业可以大批量生产高质量的房车厢体。

功能：在不断寻找新的市场需求的情况下，加大研发力度，以满足不同的需求。

结构：根据用户需求持续优化房车内部结构。例如，旅居房车应具备家具系统、上下水系统、供配电系统、燃气系统、炊事系统、卫生系统、空调调节系统、照明系统、安全警报系统、休息系统、储物系统、娱乐和通讯系统及其他辅助设施。对于音频转播车，车厢壁的结构应多采用多层吸音材料来阻隔不同频率的声音，消除金属材料的振动。同时，为了保证箱体具有足够的强度，要考虑使用薄壁截面面积小的管材来保证车体强度。

外观：结合工业设计、室内设计的经验与方法，把握时尚流行趋势，依据行业规范和用户群体使用需求设计不同种类的房车。

③ 对齐星公司的发展建议

产品营销：以随州"专汽之都"为平台，加大对本企业优势产品的广告投入力度，抓住网络、展会等不同渠道大力宣传，提高影响力。

人才培养：加大对人才的管理力度，引进人才，培养人才，留住人才。

管理机制：对于重点产品加大产能投入，优化生产线，加强机械化生产线建设。

技术研发：加强校企合作，引进新技术以完善实验以及检测环节，配合政府建立科研合作单位，辅助企业科技攻关。

（2）江南东风的消防类、高空作业类特种汽车

湖北江南东风特种汽车有限公司主要生产、销售的产品有高空作业车、清障车、自卸车、扫路车、洒水车、垃圾车、冷藏车、随车起重运输车等17大系列数百个品种（图7-6、图7-7），车型已全部上国家公告目录，取得 ISO 9001-2000 质量管理体系认证，并通过中国质量认证中心 3C 认证。产品已销往印度尼西亚、伊拉克、印度、安哥拉、越南、缅甸、朝鲜、尼日利亚等数十个国家和地区。

图 7-6 东风 153 高空作业车　　　　图 7-7 LLX5040TXFQC35 型抢险救援消防车

江南东风消防车类技术水平达到国内领先水平，清障车国内排名第二位，高空作业车排第五位。公司年营业额中清障车销售比重大，主要以线上网络为销售渠道，出口比重较小，国内需求较大。国外市场主要为东南亚、非洲等发展中国家，目前市场销售势头良好。近年来，平均每年投入 100 万元研发新平台，先后与东风公司、中国重汽、上海消防研究所、汉阳专用汽车研究所、武汉理工大学汽车学院等院校科研机构联合开发出具有国内先进水平的消防车、高空作业车、道路清障车、道路清扫车、压缩垃圾车、油罐车、洒水车等技术含量较高的产品。

对江南东风产品的发展建议如下：

材料：轻量化趋势，即使用同密度、同弹性模量且工艺性能好、截面厚度较薄的高强度钢，使用密度小、强度高的轻质材料，如铝镁合金、塑料聚合物材料、陶瓷材料等。

功能：企业积极研发容易上手操作的电脑控制系统，借鉴国外一些高空作业车的结构形式来丰富我国高空作业车的市场，为用户提供更多、更好的产品。

技术：发展蓄电池技术，研发电机驱动液压系统的高空作业车；实现发动机油门的自动调节，改变液压泵转速，从而改变供油量的大小，提高整车工作效率；发展小型化底盘，

应用智能控制与 CAN（Controller Area Network）控制器局域总线技术，提高作业的安全可靠性。

外观：强化功能感，产品设计应考虑到品牌的影响力，外观上应具有家族感、系列感，强化其品牌形象。

（3）航天双龙的混凝土搅拌运输车

航天双龙是中国三江航天工业集团控股的专用车生产企业，成立于1997年，位于湖北省随州市经济开发区。航天双龙各类专用车年生产总量约为5000辆，畅销全国30个省、直辖市、自治区，并出口到美国、朝鲜、越南、非洲、东南亚国家。产品以质优价廉、性能可靠、服务及时赢得用户广泛赞誉。企业被评为"湖北省消费者满意单位""重合同守信用企业""湖北省高新技术企业"，树"龙帝"品牌，产品获"消费者满意商品""湖北省名牌产品"等荣誉称号，取得 ISO 9001-2000 质量管理体系认证，产品通过中国质量认证中心 3C 认证，是东风汽车公司、一汽贸易公司专用汽车改装基地，是中石化、中石油集团资源市场成员厂和一汽、二汽、济南重汽、北汽福田等主机厂网络成员厂。

公司充分发挥三江集团人才、资金、技术、管理、汽车底盘生产资质及双龙公司体制、机制、市场、技术、品牌的优势，充分利用专用车发展的良好政策环境基础，立足专用车领域，通过加大投入、加强管理、合理配置资源，实现更快更好的发展。同时，通过引进和消化吸收国外先进技术，立足自主创新和综合集成创新，提高产品的综合性能和技术水平，培育技术核心竞争力，实现国内专用车龙头企业的战略发展目标，努力开创国有企业与民营企业合作的新典范。这标志着双龙公司已正式进入中国大型企业之列，在专用车生产行业中竞争力显著增强，为办成国内专用车最大生产基地、专用车系列多、品种全、军民品结合的现代企业奠定了坚实的基础。

对航天双龙产品的发展建议如下：

材料：新材料的两大发展方向为减轻整车装备质量和提高耐磨性以延长零部件的使用寿命。常见的有用轻金属材料替代普通金属材料，如用铝材替代钢材做成轮胎罩、走台板、侧防护装置等；还有用非金属材料替代金属材料，如用尼龙板代替钢板做成出料副、塑料水箱代替钢质水箱等；用耐磨合金钢板取代普通钢板，如替代搅拌筒筒体及搅拌叶片，替代后使用寿命可以提高50%；推广优质复合材料的使用，使产品具有质量轻、耐磨性好、搅拌效果好、维护费用低、出料均匀性好、噪声小、寿命长的优良特性。

功能：产品发展上应重点开发新的市场需求，加大研发力度，迅速占领市场。

技术：恒速系统的应用使得车辆运输途中保持搅拌筒搅动转速的恒定，可以有效提高混凝土的品质，减少搅拌筒和叶片的磨损，延长搅拌筒的使用寿命，减少整车的油耗；搅拌运输车在满载的情况下，其整车重心较高，采用无副车架技术，可以有效降低整车重心，提高行驶车辆的安全性。

外观：产品的设计应考虑到品牌的影响力，外观上应使设计具有家族感、系列感，强化其品牌形象。

（4）新中绿的环卫车

湖北新中绿专用汽车有限公司系国家发改委批准从事专用汽车的生产制造企业，是东风专用汽车改装基地，是东风汽车集团、一汽解放公司、北汽福田集团、中国重汽集团等知名汽车底盘厂家的网络成员单位。

公司引进国内外先进生产设备和科研人员，技术力量雄厚，检测设备完善，产品质量稳定，经营方式灵活。公司占地 100 余亩，厂房使用面积 50000 平方米，拥有先进生产设备和技术工艺，拥有年产 5000 辆专用车的生产能力。产品全面通过 ISO 9001 质量管理体系认证和中国质量认证中心强制性认证。

拥有"中洁牌"的自主品牌，主导产品有洒水车系列（园林绿化洒水车、环卫洒水车、消防洒水车、喷药洒水车、随车吊洒水车、吸粪洒水两用车）、环卫垃圾车系列（摆臂挂桶拉臂密封式垃圾车、吸粪车、吸污车、压缩式垃圾车、高压清洗车，如图 7-8、图 7-9 所示）、高空作业车系列、随车吊车系列、消防车系列、自卸车系列、散装水泥车系列、清障车系列、混凝土搅拌车、油罐化工车系列共 10 大系列 150 多个品种。

图 7-8　压缩式垃圾车

图 7-9　车厢可卸式垃圾车

对新中绿产品的发展建议如下：

材料：由于环卫车辆产品多与污水、垃圾等污染物接触，因此应尽量使用密封性能好的材料，避免在作业过程中造成环境的二次污染。同时，也可以使用高耐腐蚀、高张力的钢材，此种钢材强度高，自重轻。

功能：清扫速度快，一车多用，模块化设计，同时进行多项作业，缩短作业循环时间，目前都成为提高环卫车辆作业效率的重要手段。同时，也应考虑到不同的地区环境特色，以及同城内车辆的功能区分。

结构：优化现有产品结构，满足不同类型、不同地区的环卫需求。同时，需要引进国外进口环卫专用车，消化吸收国外先进技术。例如，应用混合动力技术，开发能耗更低的底盘，实现节油功能，降低运营成本，减少废气排放。

外观：产品的设计外形应美观，操作人性化，如配置安全感应装置、紧急停止装置、防止误操作装置等智能化和自动化的控制技术。考虑到品牌的影响力，产品在外观上应尝试具有家族感、系列感的设计，以强化其品牌形象。

7.2 基于湖北汽车长廊的随州汽车零部件产业研究

7.2.1 湖北汽车长廊汽车零部件种类比较

汽车零部件分传动系、行驶系、转向系、制动系、汽车上装五个系别。湖北汽车长廊城市均涉及生产这五个系别的零部件，特别是以传动系和行驶系为主（图7-10）。

表7-2　湖北汽车长廊汽车零部件生产企业数量统计

系别	元件	随州		武汉		襄阳		十堰	
传动系	离合器	2	12	7	33	7	25	7	28
	变速器/箱	3		3		7		9	
	万向传动装置	–		1		3		5	
	主减速器	1		6		2		4	
	差速器	3		3		5		3	
	半轴	2		4		7		8	
行驶系	车架	3	12	1	26	6	26	8	26
	车桥	4		5		10		13	
	车轮	2		2		7		3	
	悬架	3		2		4		4	
转向系	转向盘	–	6	3	8	2	10	2	7
	转向轴	–		1		5		3	
	转向管柱	–		1		3		2	
	其他	6		–		–		–	
制动系	制动操纵机构	1	2	1	5	4	20	3	7
	制动器	1		5		18		5	
汽车上装	车箱	5	6	2	4	5	5	5	9
	车身	1		2		–		4	

四地比较，襄阳市的零部件生产实力较突出（图7-10）。襄阳现已成为东风汽车公司轻型商用车、中高档乘用车等整车和关键零部件总成的主要生产基地。该市有从事整车和零部件研发、试验和制造的企业200多家，已形成以东风汽车有限公司、东风汽车集团股份有限公司、风神襄阳汽车有限公司、东风康明斯公司等为主体的汽车企业群。主要配套产品有：轿车变速器、前后桥总成、中重型车桥、铸造件、汽车轴承、汽车电器、座椅、灯具、蓄电池、车门锁、摇臂总成、汽车板簧、车身附件、车架总成、气泵、水泵、制动蹄片、活塞环、汽车齿轮、同步器等，主要集中在传动系、行驶系、制动系方面。

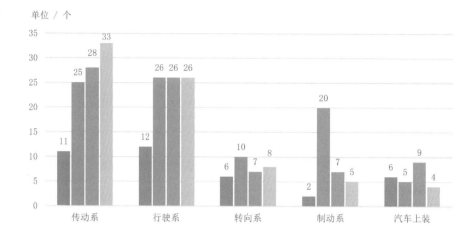

图 7-10　湖北汽车长廊城市零部件生产厂家数量统计

就五类汽车零部件而言，四地传动系与行驶系零配件生产厂家均相对较多。十堰的汽车零部件主要集中在传动系和行驶系，转向系和制动系零部件生产公司偏少。

武汉则有60个企业为神龙汽车有限公司配套，产品达600余种，初步形成机械、电子、化工、纺织、塑料五大序列产品，由基本部件发展到总成部件，产品结构得到优化升级，但武汉汽车零部件主要应用于乘用车。

随州汽车零部件生产实力较薄弱，在传动系和行驶系零部件上具备部分产能。需要指出的是，汽车上装零部件即专用汽车零部件领域，四地发展均较薄弱。这恰恰是随州汽车零部件发展的潜在机会。

7.2.2　随州汽车零部件特色产品与企业分析

随州市零部件产品种类比较齐全，配套较广。其中平头车身年产销量3.3万辆，居全国第一；钢质车轮年产销量306万只，居全国第一；车桥等汽车零部件铸造件年产销量9.2万吨，位居全国前五；涌现出了齐星车身、东风车轮、楚威车桥、全力铸件、华龙车灯等一批优质企业；"齐星"牌汽车车身、"楚风"牌汽车、"EC"牌齿轮等被评为"湖北省著名商标"。

（1）齐星车身

齐星公司从 2004 年开始，凭借敏锐的市场洞察力，着手研发和制造汽车车身产品，主要涉及两大系列，已经成为国内汽车车身的龙头企业。

① 工程机械车系列：主要包括吊车汽车驾驶室及其车身产品。

② 特异型汽车驾驶室系列：包括主要用于重点工程、机械领域和军用装备的超规与超宽的汽车驾驶室产品（图 7-11）。

齐星公司经过整合自身资源优势和改进原有产品，通过参加各类专用汽车博览会等宣传和销售途径，从而获得潜在客户群体的关注与沟通，并通过自身的市场调研，以完成最终市场产品目标定位，从而推出能迅速适应市场的新产品。齐星公司承担的国防重点工程项目"××-31甲"军用特型驾驶室，填补了国内高、大、特型军用驾驶室的空白；开发的"PW21"驾驶室，在国家汽车检验中心成功完成了正面碰撞，被誉为重型汽车"中国第一撞"。

图 7-11　齐星驾驶室

对齐星车身公司的发展建议如下：

① 技术投入：积极研发新材料、新结构产品；加强产学研合作，科技攻关开发新产品。

② 生产投入：积极寻求配套企业，尽量满足本地区企业需求；积极拓展国内外市场，根据其需求不断研发创新。

③人才培养：引进人才，培养人才，留住人才。

（2）东风车轮

东风汽车车轮有限公司（原二汽车轮厂）是东风汽车公司车轮及皮带轮产品的专业生产公司，总部设在十堰。随州工厂主要生产乘用车车轮，其内部市场只占30%左右（神龙公司、郑州日产等），70% 主要靠外部市场（奇瑞、吉利、比亚迪等）。车轮出口最高年达 40000 只，主要出口美国和巴基斯坦，近两年因为国内市场反应良好而放弃出口，专做国内市场。

配套厂房建设投入较多。2009 年 9 月，已有两条进口（美国和荷兰）生产线与一条国产生产线，生产能力达 400 万只。即将投产一条生产线，生产能力总共将达到 500 万只，未来还会增加两条生产线。

在产车轮有 40 多种，生产形式为制作轮毂，只供车轮。销售主要由十堰公司总部负责，在随州设立了营销分部，但营销资源是共享的。国内市场近两年表现优异，便放弃出口，专供国内市场，靠产品质量、价格等来保证销售量，而不是靠营销方式。中国进出口商品交易会一般由总部参加，随州分厂并不参与，一般不做广告宣传。

东风汽车车轮有限公司有研发（包括管理和技术）人员 20 名，技术部分根据主机厂需要做开发，经测试试验后采用。在检验线上，公司已经具备很强的能力，十堰总部的研发能力很强，集团公司可以互补。当下正在考虑将已有资源整合并增加设备，目前还没有校企合作。其认为车轮方面专业性较强，且工艺设备市场结合紧密，暂时不准备建立更高级别的技术中心。

对东风车轮公司的发展建议如下：

① 技术投入。借助集团优势，积极研发新材料、耐用和实用性强的车轮产品；加强产学研合作，优化生产设备，加强研发实力，开发新产品。

② 生产投入。寻求配套企业，与随州专用汽车基地的需求车轮配套；积极拓展国内外市场。

③ 人才培养。引进人才，培养人才，留住人才。

（3）全力铸造

湖北全力铸造有限责任公司是主要生产乘用车、商用车、工程车三大系列底盘铸件的专业化企业，是中国铸造协会理事单位、中国乃至亚洲最大的汽车铸件生产基地，具有年产铸件 30 万吨的生产能力。全力铸造先后通过 ISO 9000 和 TS 16949 质量体系认证，荣获"全国质量管理先进单位""全国重合同守信用企业""全省国税百佳纳税人""湖北省著名商标""湖北省知名品牌""湖北省高新技术企业"等殊荣。

全力铸造的主要产品有各系列汽车轮毂、制动鼓、制动底板、制动蹄、过桥箱、中桥主减速器壳、后桥主减速器壳、平衡轴壳、轮边减速器壳、轴承座等成品和总成。主要配套中国重汽、东风汽车、陕西重汽、上汽红岩依维柯、北汽福田、江铃汽车、江淮集团、安徽华菱、广东富华等汽车集团公司。产品批量出口美国、加拿大、英国、德国、法国、意大利、澳大利亚等 20 多个国家和地区。

全力铸造的宣传主要依靠参加展会和网上发布信息。营销网络比较健全，生铁、焦炭原料订单多；零配件方面，供应链条上存在机会；人才培养方面，实行请进、送出；售后服务主要与主机厂联系，现场服务，注重售后服务，业务员基本是跟踪、维护、巩固老关系。虽然近年开辟了印度客户，但是一直很少建立新客户关系。全力铸造的研发团队有120人，根据用户提供图纸生产，工艺攻关、研发时间为两个月，曾与华中科技大学有过合作。

对全力铸造的发展建议如下：

① 技术投入。积极研发新材料、高技术性的底盘铸件，同时带动其他零部件企业发展；加强对加工设备、铸造设备、检测设备的投入，加强产学研合作，科技攻关开发新产品。

② 生产投入。寻求配套企业，与随州专用汽车基地的需求配套；积极拓展国内外市场。

③ 人才培养。引进人才，培养人才，留住人才。

（4）华龙车灯

湖北华龙车灯有限公司是一家设计开发、生产、销售汽车灯具及汽车内饰件的省级高新技术企业，拥有资产6000余万元，其中固定资产3000余万元，占地面积63900平方米，是行业内最具成长性的企业之一。华龙车灯产品（图7-13）主要为东风汽车集团有限公司、东风汽车股份公司、东风越野车公司、神龙汽车公司、一汽、中国重汽集团、上汽依维柯红岩商用车公司、陕西重汽集团、湖北齐星车身公司等国内大型整车厂配套企业提供为各种车型配套的前照灯、前后信号灯、内饰灯、标志灯、防雾灯等，产品种类达300多个品种，目前销售量逾300万只。"华鸿"牌汽车灯具荣获"湖北名牌产品"称号。

湖北华龙车灯在车灯领域运营比较规范，完全靠自己投资，以市场经济为导向。目前，华龙车灯是省内最大、随州唯一的车灯企业。华龙车灯以商用车为主，载货汽车为辅。主机厂对车灯从四个指标（KCDD）加以评价，即质量保证、技术研发、生产保证、价格保证。目前市场追求高性价比，竞争十分激烈，一个产品有多达6个供应商，华龙车灯产品的50%销售给东风，随州本地配套零部件占80%以上。

图7-13　华龙车灯

华龙车灯现有员工 500 余人，其中研发人员 78 人，采用 UGNX、PRO/E 等国内外计算机辅助设计和辅助制造系列软件进行产品开发，具有与汽车制造厂同步开发、同步设计的能力和水平，并与武汉理工大学、华中科技大学等高校建立了良好的技术合作关系。其中，与华中科技大学建立了校企研发中心，合作研发的代表业内技术前沿的 LED 汽车灯具已获国家专利，将改写汽车光源技术的历史。年产各类汽车灯具 600 万只、汽车内饰件 1000 吨，产品基本达到欧 3/ 欧 4 国际标准。华龙车灯下一步的发展是希望成立综合性技术中心，包括设计团队、试制试验、专业功能配置等。

公司引进了国内外先进的电脑数控注塑机、灯具装配流水线、AX-V6 机械手涂胶系统、ZCM-1688A 型车灯镀膜机、UV 光固化系统、ZZ1688-56PI 高真空装饰镀膜设备、热固化系统、热板熔接机、超声熔接机等专用生产设备及积分球、J-25A 机械振动台、YMX/Q-250 盐雾腐蚀试验箱、DSH-1（B）机动灯具配光性能分析仪、LX-010 淋雨试验箱、GFY-A 反射光斑仪、KZ500 机动车配光性能测试系统等完备的检测手段。

对华龙车灯的发展建议如下：

① 技术投入。积极研发 LED 等新型节能灯具，积极研发新材料、新技术；继续加强产学研合作；在政府扶持下，科技攻关开发新产品。

② 生产投入。寻求配套企业，开发适合随州专用汽车市场的灯具类产品；积极拓展国内外市场。

③ 人才培养。引进人才，培养人才，留住人才。

④ 加强网络营销。目前，华龙车灯自行进行市场开发，缺乏网络销售意识及手段。

7.3 基于湖北汽车长廊的随州专用汽车底盘产业分析

7.3.1 以底盘为核心的专用汽车企业生产组织形式

国外专用汽车的生产组织形式多元，基本上概括为以下四种：

（1）主机厂（即汽车集团、汽车公司或工厂）设分公司或分厂生产专用汽车，主要生产本厂基本车型改装的专用汽车。如著名的戴姆勒·奔驰汽车公司自产救护车、消防车、清扫洒水车等。日本丰田汽车集团公司由 15 家公司组成，是一个综合性企业，荒川车体工业株式会社是丰田汽车集团的成员公司，它用丰田汽车集团的汽车底盘生产硬顶吉普和特种车（如急救车、宣传车、移动售货车等）。俄罗斯的各主要汽车厂也都生产由基本型货车底盘改装的牵引车、自卸车、厢式货车等。国外的许多汽车主机厂在提供大量普通底盘的同时，日益重视各种专用底盘的开发与生产，这些专用底盘主要有汽车起重机底盘、高空作业车底盘、混凝土输送泵车底盘、清扫车底盘、消防车底盘以及其他特殊要求的专用底盘。随州恒天汽车股份有限公司（原湖北新楚风汽车股份有限公司）就属于这种类型，它具有 40 余年生产楚风汽车的历史，是随州市一家集研制、开发、制造、销售汽车整车、底盘、客车、专用车为一体的综合性企业。

（2）专用汽车厂从底盘厂购买底盘，完成上装，装配专用汽车。这些专用汽车厂在接受用户订货后，从汽车底盘厂（主要是主机厂）购买所需底盘进行改装生产。在竞争中，各主机厂大量生产适于改装专用车的各种底盘以求发展。例如美国的福特汽车公司，早在 1970 年，生产出售的货车中有 80% 是带驾驶室的二类底盘。美国大中型货车的出厂形式几乎全部是底盘，而不是整车，由专用车厂改装成各种专用车。俄罗斯的各专用汽车厂则在汽车厂提供的基本型底盘上改装生产各种厢式、罐式专用汽车，例如高尔基汽车厂70%的汽车是以底盘形式出厂供给专用车厂改装各种专用汽车的。随州大部分专用汽车企业属于这种类型，如湖北楚胜专用汽车有限公司，其主要产品混凝土搅拌车、油品运输车、化工液体运输车都是在二类载货汽车底盘上改装成的。

（3）非汽车公司组织专用汽车生产。日本有些从事飞机制造、造船、设备制造、铁道车辆制造的公司也设分公司或分厂生产专用汽车。

（4）用户兼营专用汽车生产。有些运输公司购买一些普通汽车底盘改装为自己所需的专用汽车，但其结构比较简单，数量也不大。

7.3.2 湖北汽车长廊的底盘生产企业分析

当前我国专用汽车过分依赖普通载货车底盘，专用汽车底盘的供需矛盾突出。如用于大型建筑工地、矿山等场所的重型自卸车，其主要功能是载重和自卸，而行驶速度在50千米／小时左右就可以满足其使用要求。它与普通重型载货车"多拉快跑"的主要功能不同，这就要求这类底盘在动力系统、变速系统、操纵系统等方面的匹配与普通重型载货车不同。又如大中型液罐车要求车架宽度尽可能大，以利于降低罐体重心，从而提高其整车行驶稳定性。再如城市用垃圾收集车，一方面要求机动性能好，行驶、转向灵活，另一方面要求底盘低，以方便垃圾收集，减轻环卫工人劳动强度。同时，由于专用装置的布置，对取力、制动、视野等方面都增加了新的要求。还有油田作业用车，既要求底盘全驱动，又要求取力装置能实现发动机动力的全功率输出，等等。然而目前，国内生产的各类专用车中，80%以上是在普通载货车底盘的基础上改装而成的。

就湖北汽车长廊而言，能够生产专用汽车底盘的企业屈指可数，仅恒天汽车具备相应能力。作为湖北汽车长廊的核心，东风汽车目前拥有武汉东风和襄阳新东风两个专用车底盘产业平台，还需要较长时间才能真正实现商业化。对于东风来说，两个专用车底盘产业平台也可能存在摊子过大、不利于整合其有限的专用车资源的风险。如果完全依赖东风汽车，那么，东风的风险就是湖北专用车底盘产业面临的风险。

就随州而言，多为上装厂，即采用从底盘厂购买底盘（只是购买二类载货汽车底盘而非专用汽车底盘）改装为各种功能的专用汽车的生产组织方式。有些企业为生产某种专用汽车，不得已对主机厂的二类载货汽车底盘进行大刀阔斧地改造，这对产品品质、生产效率都有较大影响。缺乏专用汽车底盘，将严重制约专用汽车品种数量和整体水平的提高，阻碍随州专用汽车的健康发展。

目前，随州仅有恒天汽车具有较为全面的生产资质（专用汽车及底盘、整车、客车），但其底盘总装生产线、检测线都还在建设之中，也缺乏相应的 3C 认证资质。金力的底盘生产线即将运行，可满足一部分低速（农用）专用车的需要。整体来说，随州本地的底盘生产还有较大的发展空间，尤其是专用汽车底盘。如何在大力扶持现有底盘企业的基础上填补专用汽车底盘的空白，将成为随州专用汽车发展的重大突破口。

7.3.3 随州汽车底盘生产企业分析

（1）东风随州专汽

东风随州专用汽车有限公司是东风汽车有限公司首次通过引进民营资本在湖北省随州市组建的全新的有限公司，是东风商用车战略布点之一，主营业务为专用汽车的开发、生产、制造、销售以及售后服务。东风随州专汽底盘主要分为三大种类：一是中低速底盘；二是自己提供生产专用汽车底盘；三是通用汽车底盘，这一类底盘主要依赖于东风公司的技术。东风随州专汽公司的营销理念是"专攻天下"——把汽车底盘生产做精做强，做成自己的产业优势。

对东风随州专汽的发展建议如下：

① 技术投入。依靠东风的技术优势带动底盘技术革新，加大底盘技术改良力度，给随州的底盘产业带来更大的革新，以底盘这一关键部件带动更多产业，同时保证随州专用汽车的底盘水平整体上一个新台阶。加大技术投入，加强产学研合作，辅助企业自身科技攻关，在底盘方面加大技术投入，丰富产品类别，用新品种让随州的专用汽车生产种类更加丰富，也使其竞争力得到加强。

② 生产投入。利用集团优势建立机械化生产线，满足随州市内底盘需求，同时扩大产量，让其在整个长廊中占有重要的一席。

③ 人才培养。引进人才，培养人才，留住人才。

④ 加大高科技含量产品的研发。主攻高科技、高品质、高附加值专用汽车品种，兼顾中低端的低速汽车等品牌。

（2）恒天汽车

中国恒天集团旗下上市公司经纬纺织机械股份有限公司，于 2010 年 6 月完成对湖北新楚风汽车股份有限公司的重组，改名为恒天汽车股份有限公司，它主要研发、生产、销售中高档重型商用汽车。拥有轻、中、重型汽车整车和底盘、客车、专用车生产资质，产品覆盖自卸汽车、载货汽车、牵引汽车、客车和混凝土搅拌车、洒水车等多个系列200多个品种。其拥有600多人的研发团队，以研发底盘为主，车身研发与齐星合作。以市场需求为导向进行研发，目前开始研发中高端产品，以中重卡为重点。全新产品的研发时间一般是32个月。生产用零件由随州本地供应，关键技术与国外合作。

对恒天汽车的发展建议如下：

① 技术投入。集中集团优势，校企合作，政府协助科技攻关，提升中低端轻卡质量，对底盘和车身进行优化，研发中高端重卡，结合新的需求，研发新的产品，尝试运用优质材料，力求使产品做到安全、耐用、高效、成本低。

② 生产投入。扩大产能，供应随州市内底盘需求，加强校企合作，同时引进新技术，完善试验以及检测环节，配合政府建立科研合作单位，辅助企业自身科技攻关；利用集团优势和产品品牌效力，增加利润，扩大市场占有率。

③ 人才培养。引进人才，培养人才，留住人才。

（3）金力车辆

湖北金力车辆制造有限公司是二类汽车底盘生产厂家，同时生产销售各种类型的汽车配套件。公司拥有自营出口权。主要产品有汽车底盘、园林绿化洒水车、油罐（加）运油车、吸粪车、吸污车、垃圾车、厢式运输车、消防车、自卸车、水泥车等多个系列共100多个品种。企业特色为生产低速农用专用车整车，并具有底盘生产资质。

对金力车辆的发展建议如下：

① 技术投入。政府扶持，加大技术投入，加强产、学、研合作，在底盘方面加大技术投入，丰富产品类别，力求使产品做到安全、耐用、高效、成本低。

② 生产投入。扩大产能，政府扶持建立机械化生产线，供应随州市内底盘需求；加强校企合作，辅助企业自身科技攻关。

③ 人才培养。引进人才，培养人才，留住人才。

④ 拓宽销售渠道，把产品卖得更多，卖得更远。充分发挥企业拥有自营出口权这一优势，积极打通海外市场，带领更多随州的企业找到新的销售市场。

⑤ 在湖北汽车长廊薄弱领域特种结构车方向发展自己的特色产品，增加市场竞争力。如重点发展一批特殊作业的农村专用车，将自有的特色保持并发扬下去。

⑥ 重视底盘技术研发，在满足自身生产的基础之上寻找更大的销售市场。

7.4 以打造随州专用汽车产业链为目标的发展建议

7.4.1 建构生态化的汽车产品链

建立零部件—底盘—整车（上装）专用汽车产品链。以专用汽车带动零部件产业发展，以专用汽车带动机械、模具、五金、橡胶等相关产业发展。建构从包括工业设计、技术开发、质量检测等的"制造前"体系，到包括"零部件—模块化总成件—底盘制造与采购—专用汽车改装"的"制造中"体系，再到包括专汽销售、保养维修、保险租赁、物流配送、金融服务等的"制造后"体系，努力形成核心竞争力强、专业化分工细、配套完备、具有强大带动力的专用汽车产业链。

切实做好4个产品线，即专用汽车底盘产品线、专用汽车产品线、汽车零部件产品线与新能源汽车产品线。以龙头企业拉动中小企业，从核心产品向附加产品延伸，从有形产品向无形产品延伸；通过延伸策略、充实策略、带动策略、换代策略、消减策略等不同路径延长产品链条；通过不同的产品策略和营销策略延长产品生命周期，以实现产业链上下游的延伸。

建立信息共享平台，加大产业信息宣传力度。加强省内专用汽车企业及省市相关企业合作，制订专用汽车企业信息资源目录，逐步建立专用汽车信息共享与协调机制，积极推进专用汽车信息采集、处理和发布的一体化，促进各类企业在平台上的业务交流、服务托管等，以此促进信息交换与共享。

7.4.2 随州专用汽车的发展重点

（1）以"专、精、特、新"为主攻方向，力求做到行业特色化、产品差异化、类型专业化

在专用汽车产品结构多样化的基础上，创建自己的特色产品，打造名牌产品。可在长廊薄弱领域特种结构车方向发

123

展自己的特色产品，增加市场竞争力。拓宽品种系列，着力巩固现有优势专用汽车产品基础，增加高技术含量和附加值的专用汽车产品比重，提高专用汽车底盘和专用装置研发制造水平，使专用车向重型化、专用功能强、技术含量高、多品种、大批量的方向发展。在现有成熟专用汽车品类的基础上，针对市场需求开发差异性产品，通过新技术、新功能、新样式提升产品价值，构建市场竞争力。避免同质化竞争，加快引进新技术、技术改革、设计创新，注重产品质量控制，构筑现有优势产品的绝对竞争力，提升新品种专用汽车的专业程度和产品品质。

此外，应积极发展节能减排与新能源汽车，把大幅降低能源消耗强度和二氧化碳排放强度作为约束性指标，有效控制温室气体排放，提高能源效率，减少环境污染，推广先进节能技术，加快推行合同能源管理，加大新能源专用车研发、应用和产业化力度。以大力精功为平台，以城市环卫车和特种工程车为切入点，积极开展新能源专用车研发和示范性工程，进一步解决降低成本，提高燃油经济性、可靠性、电池一致性等关键问题，形成整车与关键部件一体化开发格局。

力争到"十二五"期末全市具有资质的专用汽车生产企业达到 40 家左右，产能达到 28 万辆，占全国专用汽车产销量的 7% 左右。节能与新能源专用车整车技术达到国际先进水平，形成 1 万辆以上纯电动、混合动力等新能源专用汽车产能。

（2）做精做强零部件产业

集中力量，整合资源，提升自主创新能力，打造地域品牌。以构建和完善区域专用汽车产业链为目标，引导企业开发、生产和经营。提高零部件企业与整车企业的同步化水平，提升产业配套能力，融入更大供应链系统。

支持龙头企业和重点企业在科技研发、生产制造、营销服务等方面投入，完善配套机制，拓宽营销网络。支持关键零部件的开发与生产，提升工艺技术，扩大企业规模，鼓励企业拓宽零部件类别。支持企业电子信息技术、自动化控制技术等共性技术的应用，提升专用装置技术水平。

积极拓展产业领域，支持向轨道交通零部件发展，开发生产轨道交通配套装备及零部件，如高速列车的座椅、厨房系统、空调系统、水箱、制动闸片等。

加大对低碳节能零部件企业的引进力度。以电机、控制系统、动力蓄电池等环保节能零部件项目为实施重点，加快推行合同能源管理，调整能源消费结构，增加非化石能源比重。

产品标准"一体化"。以中国（随州）专用汽车质量检测中心为依托，以罐式车为突破口，逐步建立、健全专用汽车行业标准；以水陆两用车等创新产品为试点，引导企业制定产品标准，促进企业按行业标准生产，实现随州专用汽车质量标准的统一。

8 "十二五"时期随州专用汽车产业发展规划 ▬▬▬▬

8.1 指导思想

深入贯彻落实科学发展观，以全面繁荣"中国专用汽车之都"为目标，高举"工业兴市"大旗，以加快转变经济发展方式为主线，以产业结构战略性调整为主攻方向，以自主技术创新、自主设计创新、自主机制创新为重要支撑，走市场全球化、区域一体化、产业生态化、企业立体化、产品差异化"五化并举"之路，建立以专用汽车为龙头、以汽车零部件和汽车服务业为支撑的全产业链，健全"5432"产业服务体系（见附录九），全面促进随州专用汽车产业可持续、跨越式发展，实现从"随州制造"到"随州创造"的历史性转变。

8.2 基本原则

（1）坚持规模发展与优化结构相结合

既要扩大传统优势，壮大产业规模，又要加快拓展新项目，推进结构调整和资源整合。充分发挥重点企业的龙头作用，加快中小企业发展速度，推进重点企业和重点产品质的提升与量的扩张。零部件企业向重点专用汽车企业配套聚集，向底盘企业配套聚集，实现产业结构优化升级。

（2）坚持自主创新与开放合作相结合

加强自主技术创新，强化核心关键技术研发，积极有序地发展新技术、新材料、新能源，加快产品结构调整和产品升级换代；推进自主设计创新和自主品牌创新；充分利用全球资源，多层次、多渠道地推进产学研合作；推动招商选资工作的深入，鼓励外资不断扩大投入。

（3）坚持工业制造与信息技术相结合

以信息化带动工业化，加强专用汽车的数字化设计和数字化制造，实现智能化生产和柔性化制造；以工业化促进信息化，积极开拓专用汽车设计、研发、制造、管理、销售全过程与信息化的融合渠道，尤其加快专用汽车公共信息服务平台和电子商务平台建设，实现随州专用汽车产业的信息共享、互联互通。

（4）坚持专、精、特、新与低碳环保相结合

切实重视工业设计的引领作用，强化市场研究和应用研究，丰富专用汽车产品种类，延长专用汽车产品线，不断推出"专、精、特、新"车型；加快培育和发展新能源专用汽车和低碳专用汽车产业，推动传统专用汽车的节能减排，不断降低平均油耗和碳排放量，缩小与国际先进水平的差距。

（5）坚持发展生产与拓展服务相结合

既要增强专用汽车及零部件企业的制造实力，又要拓展汽车金融业务和产品售后服务，以服务促进生产，以销售引导制造，实现汽车制造业和汽车服务业协调发展。整合专用汽车产业发展各种要素资源，完善延伸专用汽车产业链。

8.3 主要目标

（1）总量目标

到"十二五"期末，总量扩张的同时实现结构调整，力争全市汽车产能达 28 万辆，产量达 21 万辆，比"十一五"期末增长 2 倍以上，年均增长 25%；整车年出口突破 1 万辆、创汇 3 亿美元，零部件产品实现创汇 2 亿美元，达到 15 万辆的配套能力。汽车业总产值突破 500 亿元，出口额 5 亿美元，实现利税 52 亿元；其中，专用汽车总产值 260 亿元，底盘实现产值 50 亿元，零配件产值 200 亿元，专用汽车产业总产值年均增长 28%。预计"十三五"期间，汽车产业总产值将以年均 15% 的速度增长，2020 年底汽车产业总产值将突破 1000 亿大关，实现全市汽车产能达 60 万辆、产量达 40 万辆的发展目标（见附录八）。

（2）区域产业发展目标

构建"5432"专用汽车产业服务体系。"5"即搭建五个平台：湖北省专用汽车设计服务平台、湖北省专用汽车信息服务平台（随州汽车产业信息中心）、湖北省专用汽车营销服务平台、湖北省专用汽车金融服务平台、湖北省专用汽车人才服务平台。"4"即建设四个中心：湖北省（随州）专用汽车技术中心、湖北省专用汽车质量检测中心、中国（随州）专用汽车博览中心、湖北省专用汽车物流中心。"3"即申报三个基地：国家科技兴贸创新基地、汽车及零部件出口基地和国家高新技术产业示范基地。"2"即举办两项活动：中国（随州）国际专用车博览会和中国（随州）专用汽车发展论坛。

（3）企业发展目标

确保实现"21331"工程目标（见附录十），即到"十二五"期末，形成工业产值100亿元的企业2家、50亿元的企业1家、30亿元的企业3家、20亿元的企业3家、10亿元的企业10家，以及一批主业突出、核心竞争力强、在国内市场有较大影响的整车和零部件企业集团。整体上力争实现"中国专用汽车之都"在我国专用汽车行业的核心地位和风向标作用，力争在国内专用汽车市场上的占有率达到7%。建立两个国家级技术中心或工程研究中心、6个省级技术中心或工程研究中心。力争引入一家国际先进水平的汽车制造商在随州投资建厂，实现两家汽车及零部件企业成功上市，从而实现随州专用汽车产业的繁荣。

（4）产品发展目标

优先发展"专、精、特、新、轻"车型，突破性发展专用汽车底盘，加快发展关键汽车零部件，大力推进新能源专用汽车和低碳专用汽车。到"十二五"期末，专用汽车品类达到2000种，车辆产品吨位构成重、中、轻比例接近"5：2：3"的合理水平；专用汽车底盘实现重大发展；上装关键零部件如液压传动系统、机电气液一体化控制系统、PLC（Programmable Logic Controller）控制系统应用等方面达到国内先进水平，零部件产品铸造能力达到亚洲第一，本地配套率达到40%以上；新能源汽车实现重大突破，形成1万辆的生产能力。

8.4 发展战略

8.4.1 市场全球化战略

以全球化战略推动随州专用汽车的跨越式发展,实施互利共赢的开放战略,进一步提高对外开放水平,实现市场繁荣,奠定"中国专用汽车之都"的优势地位。具体包括:

（1）专用汽车信息全球化

大力推进湖北省专用汽车信息服务平台（随州汽车产业信息中心）建设,及时了解国内外专用汽车领域的最新产品信息和会展信息;了解国内外先进专用汽车行业和企业发展动态;发布国外专用汽车需求信息;发布随州出口产品信息,注意维护海外权益,防范各类风险。

（2）专用汽车市场全球化

大力推进随州汽车及零部件出口基地建设,继续稳定和拓展外需,优化出口产品结构,加快培育以技术、品牌、质量、服务为核心竞争力的新优势,延长对外贸易的国内增值链,推进市场多元化,促进出口结构转型升级。按照市场导向和企业自主决策原则,引导和鼓励专用汽车整车和零部件出口,立足国内、面向全球,重点开发亚、非、

图 8-1　"十二五"时期随州专用汽车产业发展战略

拉等发展中国家和新兴经济体市场，积极开拓欧美发达国家专用汽车及零部件市场。

（3）专用汽车企业全球化

引导和推动全球性合作，推动建立均衡、普惠、共赢的多边贸易体制。既要把国外知名专用汽车企业"请进来"投资合作，又要支持有实力的企业"走出去"跨国经营，深化与新兴市场国家和发展中国家的务实合作，注重通过招商选资和融入全球产业链提升产业层次，提高国际化水平。

（4）专用汽车生产要素全球化

利用外资和内资优化结构、丰富方式、拓宽渠道、提高质量，既要积极鼓励外企在随州设立研发中心，借鉴其先进的技术、制度和管理经验，引进高素质人才，又要积极推进随州汽车零部件进入全球汽车零部件采购体系。

8.4.2 区域一体化战略

以一体化战略联动"汉十"汽车工业走廊和"襄十随"专用汽车零部件带状产业区，承接国际国内专用汽车及零部件企业向随州转移，引导国内省内专用汽车及零部件企业向随州聚集，实现经济聚敛效应和资源互补效应，使随州专用汽车产业告别依靠大量生产、压缩利润空间来获取市场份额的已经竞争白热化的"红海"，走向以开创和掌握新需求为导向、追求差异化竞争和强调价值重新塑造的蕴含庞大需求的"蓝海"。

（1）物流网络一体化

依托湖北专用汽车物流中心，完善运输、储存、装卸、搬运、包装、流通、加工、配送等物流网络。

（2）产品标准一体化

以湖北省（随州）专用汽车质量检测中心为依托，以罐式车为突破口，逐步建立、健全专用汽车行业标准，以水陆两用车等创新产品为试点，引导企业制定产品标准，促进企业按行业标准生产，实现随州专用汽车质量标准的统一。

（3）政府采购一体化

编制区域专用汽车采购目录，在公共工程建设、城市环卫用车、城市公交用车、消防用车等政府主导的公共财政投资项目或配套项目专用汽车采购方面优先考虑随州本地企业和省内企业。

（4）信息资源一体化

以湖北省专用汽车信息服务平台（随州汽车产业信息中心）为依托，加强省内专用汽车企业及省市相关企业合作，制订专用企业信息资源目录，逐步建立专用汽车信息共享与协调机制，积极推进专用汽车信息采集、处理和发布的一体化，促进各类企业在平台上交流业务、托管服务等，促进产业信息的交换与共享。

8.4.3　产业生态化战略

以生态化战略带动本市服务业，以节能减排为重点，加快构建资源节约、环境友好的生产方式，实现随州专用汽车产业的可持续发展（图8-2）。

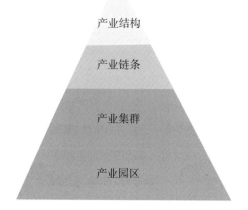

图8-2　随州专用汽车产业生态化战略

（1）产业结构生态化

以资源的高效利用和循环利用为核心，以减量化、再利用、资源化为原则，以低消耗、低排放、高效率为基本特征，优化产业结构，发展新能源专用汽车，开发低碳节能汽车零部件，大力推进清洁生产，引导随州专用汽车产业的经济增长模式从"大量生产、大量消费、大量废弃"转向"最佳生产、最适消费、最少废弃"。

（2）产业链条生态化

生态化过程由产中向产前、产后延伸，不仅强调生产过程即零部件、模块化总成件、底盘制造与采购、专用汽车改装等"制造中"环节的生态化，而且强调工业设计、技术开发、质量检测等"制造前"环节的生态化和专汽销售、保养维修、物流配送、废物回收等"制造后"环节的生态化,从而实现全程生态化。在"制造中"推进源头减量、循环利用、再制造、零排放和产业链接技术,向前延伸到绿色原料、能源及工业无机环境的构建,向后延伸到生态营销和绿色消费,努力形成专用汽车产业上、中、下游多赢的绿色产业链,使随州专用汽车行业利润的获取从"制造中"的附加值低端向"制造前"和"制造后"的附加值高端延伸,形成上下游两端利润趋高的微笑形曲线(图8-3、图8-4)。

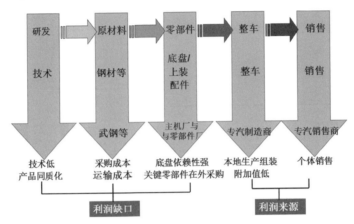

图8-3 随州专用汽车产业链现状

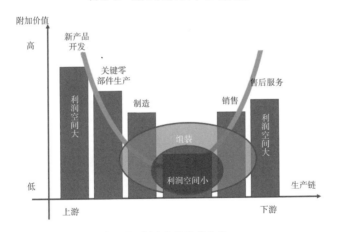

图8-4 制造业的微笑曲线

(3)产业集群生态化

以专用汽车产业带动零部件产业发展,从而带动机械、模具、五金、橡胶等相关产业发展,在产业间、企业间形成循环经济,产业共生网络。通过选择对环境影响更低的材料、

131

降低材料用量、优化生产技术和工艺过程、优化运输和销售系统、降低使用过程的环境影响、优化产品生命终点系统等路径，实现资源的减量化、废弃物的资源化，推动企业与企业之间的"副产品交换"，达到产业集群的内部经济性和外部生态性（图8-5）。

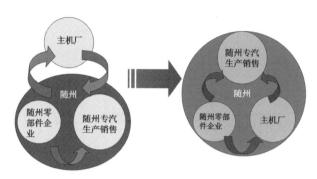

图8-5 产业集群的内部经济性和外部生态性

（4）产业园区生态化

遵循生态系统规律，共生企业群聚集而成生态工业园区，提高园区内部资源、能源的利用效率，对废旧金属、工业固体废弃物进行回收利用，对生产和生活污水进行无害化处理，部分作为园区绿化及景观用水，变废物为资源。增强环境保护力度，落实减排目标责任制，向园区外部排放废物最小化，达到园区经济和环境的同步优化。建立污染者付费制，以优质环境吸纳优质资本。

8.4.4 企业立体化战略

以立体化战略拉动随州专用汽车企业全面成长、纵深发展，实现"点"做强、"线"做长、"面"做大、"体"做全。具体包括：

（1）"点"做强

重点扶持齐星、恒天、全力等龙头企业通过兼并重组或扩产扩能来壮大规模，提高国内外专用汽车市场及配套份额；支持专用汽车与零部件骨干企业通过自主设计创新、自主技术创新、自主品牌创新和自主制度创新提升企业综合竞争力和核心竞争力。到2015年，实现两企业成功上市，在引进国际知名专用汽车企业方面取得重大进展。

（2）"线"做长

切实做好 4 条产品线，即专用汽车底盘产品线、专用汽车产品线、汽车零部件产品线与新能源汽车产品线。以龙头企业拉动中小企业，从核心产品向附加产品延伸，从有形产品向无形产品延伸，通过延伸策略、充实策略、带动策略、换代策略、消减策略等不同路径延长产品链条，通过不同的产品策略和营销策略延长产品生命周期，以实现产业链上下游的延伸。

（3）"面"做大

不断催生一批新型企业，壮大企业群体，增加专用汽车产业的"宽度"，形成相互关联、各具特色、定位准确、优势互补、差异发展的企业格局。优势企业通过做精做全实现又大又强，中小企业通过做特做新实现又好又专；促进优势企业通过设计创新与技术创新实现跨越式发展、中小企业紧紧跟上，从而形成各得其所、共同进步的企业集群梯队。重点抓好随州经济开发区、曾都经济开发区的规划和建设，推动随州汽车工业成片发展、集中发展、集约发展。

（4）"体"做全

以资本为纽带，积极引进外资、推进兼并重组和上市，实现央企、国有、民营、外资的优势互补、资源共享的和谐发展。促进龙头企业向中小企业辐射，中小企业为龙头企业配套。建立健全"5432"专用汽车产业服务体系，打造覆盖设计、研发、制造、贸易、物流、金融以及教育等环节的专用汽车全产业链。

8.4.5　产品差异化战略

实施差异化战略，建立差异化优势，促进技术改造、产品升级和自主创新，兼顾成本领先和目标集聚。

（1）市场差异化

优势企业通过客户群体细分聚焦特定需求实现重点突破来创造市场，弱势企业通过产品价格细分聚焦局部市场实施跟随策略来赢得空间，通过市场区域细分、客户需求细分和销售渠道细分等获取差异化优势。

（2）设计差异化

以模块化设计、参数化设计、人性化设计和数字化设计，推行一车多样、一车多用；

广泛应用智能化、自动化和集成化等新技术、新材料和新工艺，实现人无我有、人有我新。

（3）品种差异化

克服同质化，做大做强罐式车、城市环卫车、自卸车等优势产品的同时做精做深；防止跟风上，做特做新房车、消防车、特种车等新型产品的同时做细做专。形成一大批特色鲜明、优势明显、具有自主知识产权、精于市场细分的拳头产品和特色产品。

（4）服务差异化

一方面，专汽制造企业向上延展研发、向下延展售后、横向延展整合，通过个性化定制，提供多样化的售前设计服务、售中物流服务、售后维修服务；另一方面，整合随州专汽与零部件企业，以"中国专用汽车之都"的整体形象在全国及海外设立服务网点。

8.5 产业发展重点

8.5.1 专用汽车发展重点

以"专、精、特、新、轻"为主攻方向，实施差异化战略，拓宽品种系列，着力巩固现有优势专用汽车产品基础，增加专用功能强、技术含量高、产品附加值高的专用汽车比重，扩大新材料、新工艺、新技术的综合应用，提高专用汽车底盘和专用装置研发制造水平，鼓励企业开发适合我国国情的新能源专用车。在国家相关政策的引导与扶持下，通过积极申报、资源整合、引资重组省内外专用汽车优势企业，力争到"十二五"期末，全市进入国家工信部公告目录的专用汽车及整车生产企业达到30家以上，产能达到28万辆，占全国专用汽车产销量的7%左右。

（1）继续巩固和扩大罐式车、自卸车、半挂车等传统专用汽车的制造优势和产业规模；加强新材料、新工艺的运用，走轻量化节能之路，重点开发应用PVC、铝合金等新材料的轻型罐式车和软体车厢物流车等。

（2）以专用车底盘为突破口，重点支持以恒天集团为龙头的重型汽车底盘、以程力专汽为代表的轻型汽车底盘、以金力车辆为代表的低速农用车底盘、以东风随州专汽为代表的特种车底盘等企业，发展针对特殊改装要求的、高性能、高可靠性、系列化的专用汽车底盘，并实现自主研发、自主配套。

（3）大力发展服务民生和城市配套的各种专用汽车。主要包括：市政类（清障车、高空作业车、道路综合养护车等），环卫类（垃圾车、清扫车、管道疏通车、下水道清理车、城市道路绿化带剪修清洗车、高速公路绿篱修剪车、树枝破碎处理车、各种可再生资源回收车等），城建工程服务类（散装水泥运输车、混凝土搅拌车、液态沥青保温运输车、消防车、起重车、道路检测车、桥梁检测车等），文化生活类（电视转播车、广告宣传车、照明车、电源车等），医疗类（救护车、献血车、医疗垃圾车等），集成服务车辆。

（4）大力发展服务城镇化建设的专用汽车。主要包括：适合各项基础设施建设需求的起重举升类作业车；适合高等级公路运输的重型半挂牵引车和专用半挂车；高等级公路维护、机场维护、高铁维护等专用汽车；用于高铁、城铁、地铁、轻轨等轨道交通建设领域的专用汽车。

（5）积极开发服务新农村建设的农、林、牧、渔业的专用汽车。主要包括：沼液沼渣抽排车、活海鲜运输车、海鲜冷藏车、畜禽运输车、养蜂车、粮食散装运输车、饲料运输车、自装卸木材运输车、冷藏保温车和食用液体罐车等。

（6）积极开发应对重大自然灾害的抢险救灾类专用汽车，包括除冰除雪车、抢险救援车、通信应急保障车、医疗救护车、防疫消毒车等。

（7）积极开发针对细分行业、适用特定场合、满足特殊需求的专用汽车，例如针对化工行业的剧毒化工品运输车、针对油田使用的油田工程车和油田仪器车、针对机场使用的飞机加油车和货物升降平台车等，以及针对突发事件使用的防灾支援车、针对中小学校接送学生使用的校车等。

8.5.2　汽车零部件发展重点

按照"高起点、专业化、大批量、创名牌"的要求，整合汽车零部件资源，提高汽车零部件自主创新能力，逐步实现与整车生产企业的同步研发、同步生产、同步模块化供货，提高配套能力，融入跨国公司全球采购体系。大力推广新技术、新材料应用，积极发展零部件绿色再制造。

（1）针对整车平台发展通用零部件

重点支持齐星车身、东风车轮、全力机械、华龙车灯、三环铸造、亿丰型钢、神马齿轮等企业加大科技投入，扩大生产能力和市场开发力度，对部分关键配套产品先采购后研发，形成底盘自主研发、自主配套，延伸产业链条，建立健全市场营销网络，积极拓展海外市场。

全力支持燃油供给系统、车身内饰系统、电器照明系统、电子控制系统和信息系统的关键零部件开发生产，促进高水平汽车模具和精密铸锻件、精冲件的工艺改造，进一步壮大具备模块分装能力的配套企业规模。重点发展车桥、座椅、汽车工具、汽车铸件、变速箱、液压件、油箱、底盘、工程覆盖件等。

（2）通过专用汽车平台发展上装零部件

优先发展用于专用汽车上装的关键零部件和主要配套元件，重点引进机电气液一体化水平高、技术含量高的液压传动系统零部件，如液压传动系统中的负荷传感变量泵、中位闭式液压控制阀、多路阀、转向优先阀、负荷传感转向器、变量柱塞泵、变量马达、低转速大扭矩发动机、新配套变矩器和变速箱、小型静液压传动系统等。

积极发展应用机电一体化技术、电子信息技术、传感技术、自动控制技术、智能化技术等高新技术的专用装置，以大幅度提高专用汽车产品的工作质量和精度，并能有效节约能量、提高效率、改善机械的操纵性能以及提高其安全性和可靠性，为随州专用汽车向自动化、智能化的上装高端产品方向发展提供核心动力。

重点支持具有自主知识产权和核心技术的汽车零部件发展，力求实现高品质、高附加值、大批量、规范化生产，力争到"十二五"期末汽车零部件生产企业达到200家以上，本地配套能力达到40%以上。力争部分关键零部件开发能力及制造水平达到国内领先水平，汽车零部件铸造能力达到全国最强、亚洲第一。

8.5.3 新能源专用车与低碳节能零部件

（1）坚持低碳、环保、节能的总体方针，建立专用汽车生态化产业园区。把大幅降低能源消耗和二氧化碳排放作为约束性指标，有效控制温室气体排放，提高能源利用效率，减少环境污染。

（2）加大新能源专用车研发和产业化力度。以城市环卫车和特种工程车为切入点，积极开展新能源专用车研发和示范性工程，进一步解决降低成本，提高燃油经济性、可靠性、电池一致性等关键问题，形成整车与关键部件一体化开发格局。

（3）加大对新能源专用车及低碳节能零部件企业的引进力度。以纯电动专用车、混合动力专用车、燃料电池专用车为纵轴，以电机、控制系统、动力蓄电池为横轴，为建构"三纵三横"的新能源专用车网络化布局做出积极准备。

（4）实施重点节能工程，推广先进节能技术与低碳汽车零部件，加快推行合同能源管理，调整能源消费结构，增加非化石能源比重，力争到"十二五"期末，节能与新能源专用车整车技术基本达到国内领先水平，形成1万辆以上新能源汽车产能。

8.5.4 汽车服务业发展重点

支持随州专用汽车和零部件企业发挥优势，积极向服务领域延伸，实现从"卖产品"向"卖服务"转变；推动专用汽车生产服务业、专用汽车售后服务业的集聚发展，以专用汽车维修、租赁、保险等为试点，构筑起高附加值、强辐射、广就业的汽车服务产业体系；大力提高专用汽车文化等服务能力和水平，以专用汽车博览会等活动形式促进企业、产业与公众融合；加快完善以电子商务为重点的专用汽车贸易服务管理体系，实现汽车制造服务化、汽车销售多元化、售后服务便捷化。

9 "十二五"时期随州专用汽车产业发展的保障措施

9.1 调整优化产业结构

（1）做大做强龙头企业

要抓好2个100亿元、1个50亿元、3个30亿元、3个20亿元企业的重点项目建设和其他大型企业的引进。由"点"到"线"，以龙头企业带动中小企业发展，以专汽整车企业带动零部件企业发展。

（2）做精做专中小企业

以转变发展方式、优化产业结构为重点，着力完善企业发展的外部环境，引导中小企业提高自主创新能力，全面提高中小企业的整体素质和市场竞争力。由"线"到"面"，兼顾发展与规范、管理与放开，有张有弛，重点培优。

（3）推进引资联合重组

完善政府的宏观调控方式和手段，由"面"到"体"，加快专用汽车产业组织结构调整和产品结构调整。积极推进优势企业联合兼并，引导形成优势互补、集中发展的格局；积极推进零部件资源整合，扩大规模、提高产能、丰富产品，不断增强企业实力、扩大市场份额；积极引进主机厂和外资，坚持引"资"和引"智"并重，注重引进国内外先进的理念、人才、管理和制度，不断深化企业改革，促进企业在改革中创新、在创新中壮大。

9.2 加大政策扶持力度

（1）争取政策扶持，用活政策

强化湖北汽车长廊中随州"中国专用汽车之都"的地位，将湖北新引进和新扩规的专用汽车企业集中到随州发展。认真研究国家汽车产业发展政策，切实把握国家对汽车工业调整的政策，充分发挥随州专用汽车之都的品牌效应，努力获取国家信息和技术援助，积极争取政策，建立湖北专用汽车产业发展基金，加快相关项目的审批速度。充分利用湖北省发展汽车机械产业的优惠政策，积极争取省专用汽车及零部件发展专项资金投入，加快专用汽车产业项目建设。

（2）落实共建协议，深化政策

依托中国机械工业联合会的行业领导优势，借助湖北省人民政府的力量，为随州专用汽车产业发展提供产品研发、市场营销、品牌宣传等支持，落实深化协议内容，充分发挥资源优势，不断创新工作思路。

（3）加大补贴力度，用好政策

用足用活政策，对重大关键项目给予特殊政策支持；对项目用地给予补贴或优惠，项目固定资产投资给予资助或贷款贴息，项目投产新增所得税地方留存部分给予奖励；对进口的关键设备国内物流运输费给予适当补贴；加大对节能与新能源汽车示范推广购车、营运和基础设施建设补贴力度；加大对汽车模具、汽车铸锻件基础产品和基础工艺的补贴力度。

（4）发挥杠杆作用，整合政策

整合现有各项支持汽车产业发展的专项资金，扶持重点产业集群，争创区域品牌，提供关键和重大技术支持，进行创业辅导，加强服务体系和工业园区建设等。充分发挥其引导和杠杆作用，引导专用汽车及零部件产品向民生和社会事业、农村农业、科技创新、生态环保、资源节约等领域发展，促进随州专汽产业结构优化升级。

（5）推进自主创新，落实政策

对参与制定和修订国家标准、行业标准的企业予以奖励；对企业获得国家发明专利、实用新型专利和外观专利予以奖励；对国家及省级技术创新项目、重大科技专项项目、重大研究与开发计划项目、应对技术性贸易壁垒攻关项目等予以配套；对省级以上研发中心和工程技术中心予以奖励；对引进的高层次技术与管理人才给予经济、生活或政治上的优惠待遇。

9.3 健全产业服务体系

构建"5432"专用汽车产业服务体系（图9-1），加快企业从生产型向生产服务型转变，全方位推进服务繁荣。具体建设内容如下：

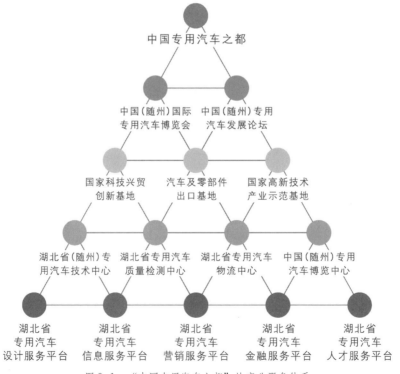

图9-1 "中国专用汽车之都"的产业服务体系

（1）湖北省（随州）专用汽车设计服务平台

政府主导、企业参与、市场化运作，与清华大学和武汉理工大学合作，共建"官、商、产、学、研"结合的湖北省专用汽车设计服务平台或中国专用汽车创新研究院。在专用汽车战略规划、产品设计、品牌培育、咨询交流、职业训练及相关服务领域，为随州专用汽车产业提供战略设计、概念设计、解决方案及知识服务（图9-2）。具体包括以下内容：

①专用汽车市场研究，包括政策研究、市场调研、项目计划和推广策划等。

②专用汽车创新设计，包括针对新领域、新功能、新用途的专用汽车和特殊装置进行改良设计、概念设计和交互设计。

③专用汽车创新实验，包括色彩实验、材料工艺实验、人机工程实验以及人机交互实验等。将工业设计作为重要手段服务于随州专用汽车产业的转型升级，协助随州专用汽车企业实现从"随州制造"到"随州创造"的历史性转变。

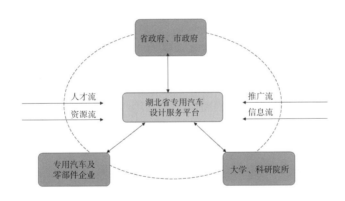

图9-2　湖北省专用汽车设计服务平台

（2）湖北省（随州）专用汽车信息服务平台

在随州汽车产业信息中心的基础上，推动信息化和工业化深度融合，以信息共享、互联互通为重点，制订专用汽车企业信息资源目录，逐步建立专用汽车信息共享与协调机制，积极推进专用汽车信息采集、处理和发布的"一体化"战略。具体包括以下内容：

① 整合基础设施。建立专用汽车信息服务平台的硬件设施与软件网络系统，实现省、市、区政府的政策信息与企业资源信息的交换和共享，实现随州企业内部系统信息的交换和共享。

② 整合服务队伍。由政府牵头，联合有关部门制定信息服务体系建设管理和信息服务规范，明确信息服务体系的任务、资金来源、管理和长期运营等要素。充分整合和利用

随州政府各部门和汽车行业协会的力量，建立信息采集和信息服务队伍。

③ 整合信息资料，建立共享资源数据库。通过开放政府信息资源、推动社会应用来调动企业积极参与，共同建设综合信息服务系统和信息资源共享数据库，实现信息资料交换共享和信息自动定时交换机制。以四大基础数据库（企业产销量、特色产品、各地需求和政策信息）建设为突破口，积极规划和建设服务于随州专用汽车产业的信息资源数据库体系。

（3）湖北省（随州）专用汽车营销服务平台

积极开拓海外市场，加快发展汽车研发、生产性物流、汽车零售和售后服务、汽车租赁、汽车保险、消费信贷、停车服务、报废回收等服务业。

①借助中国（随州）国际专用汽车博览会，通过规模化、专业化、聚集化的展销会形式促进产品销售和企业宣传。

②依托湖北省专用汽车信息服务平台，搭建企业与国内外汽车产业信息交流平台，运用信息技术改造提升企业资源、供应链、客户资源管理系统，充分发挥电子商务在全球化采购中的作用。

③以"中国专用汽车之都"的整体形象，整合随州专用汽车及零部件企业的营销体系，在国内建设 10 个旗舰店和 1000 个销售服务网点，在国外创立五大国际营销中心（东南亚地区、中东地区、非洲、南美、欧洲等海外或境外地区），搭建全面完善、合理有效的专用汽车销售服务平台。

（4）湖北省（随州）专用汽车金融服务平台

①加大金融信贷支持力度。积极促进金融机构与重点企业建立长期合作关系，增加授信额度，扩大融资规模。优先向具有自主知识产权和自主品牌的中小企业提供贷款担保。

②建立汽车金融公司。支持有条件的自主品牌骨干汽车生产企业建立功能完善的金融服务，建立汽车金融公司，促进汽车消费信贷模式的多元化，推动信贷资产证券化规范发展，支持汽车金融公司发行金融债券等。

③增强企业融资能力。鼓励和支持企业通过资产重组、合资合作、上市融资、发放债券、风险投资、企业股权出质融资等方式，将企业的"死股权"变成现金流的"活资产"，有效盘活企业资产，解决企业资金短缺难题。

④进一步拓宽融资渠道。优先支持符合条件的汽车和关键零部件企业在境内外上市，发行企业债券。

⑤扶持和鼓励民间资本参与专用汽车企业的升级重组。建立通畅的投融资渠道，促进

民间资本合理流动，为随州专用汽车产业的可持续发展注入源源不断的活力。

（5）湖北省（随州）专用汽车人才服务平台

坚持服务发展、人才优先、以用为本、创新机制、高端引领、整体开发的人才繁荣指导方针。

①出台人才专项管理办法，明确各类人才、各层次人才优惠待遇及相适应的培养办法，研究制定人才队伍稳定制度，创造优秀人才脱颖而出的机制和环境。

②建立高层次人才的引进、培养和选拔机制，建立高层次人才个人所得税返还机制，积极引进国内外高层次技术人才和管理人才，积极推进企业博士后流动站建设，加大对本省高层次人才的培养和选拔力度。

③政府牵头各大企业共组"中国专用汽车之都"招聘团，到全国高校巡讲，传播随州专汽文化，招聘优秀应届毕业生，为随州企业注入新鲜血液。

④政府组织各级经理培训班、管理培训班、市场营销培训班、品牌战略培训班等，引导企业更新管理知识、提高管理水平，推进专用汽车企业的现代企业制度建设、科学管理制度建设和营销传播活动的开展。

⑤大力发展本地汽车专业技能型人才培养，与企业联合办校，从企业引入真实的产品（业务）作为教学内容，依据企业的产品（业务）结构设计课程结构，把企业产品跟单要求作为学生学业评价依据，从"订单式"培养人才转变为"跟单式"教学模式，实现随州专用汽车产业中间层次人才的本地化，同时实现从为企业预留人才到为行业储备人才的转变。

⑥建立产业技术工人再培训机制，组织高级技师培训班，培育高素质的产业工人队伍。鼓励大专院校、科研院所与企业联合对现有从业人员进行再培训。

（6）湖北省（随州）专用汽车技术中心

立足省级、面向国家级、瞄准国际竞争水平线，采取政府支持、企业入股、市场化运作的方式，在中国机械工业联合会和湖北省人民政府的扶持下，与汉阳专汽研究所、华中科技大学、武汉理工大学等高等院校和研究机构在武汉、随州共建股份制和双轨制的湖北省（随州）专用汽车技术中心。一方面，面向市场，把握未来发展趋势，集中优势资源，加大研发、降低成本，为企业解决技术难题，实现技术共享、共进；另一方面，坚持自主创新、重点跨越、支撑发展、引领未来的方针，增强专用车和关键零部件核心技术与共性技术的突破能力。充分利用高等院校和研究机构的研究设备与人力资源。科研院所选派素质好、业务精、能力强、善沟通的教授及其博士生组建科技创新团队到中心挂职，定期到随州进行技术服务。既接受定向委托，狠抓重大项目的落实；又以产业化为目标，积极开展汽车整车、底盘及关键零部件的核心技术和前瞻技术的原创性研发。

（7）湖北省（随州）专用汽车质量检测中心

全面贯彻"质量第一、科学公正、数据准确、优质高效"的质量方针，在政府引导下以汽车配件出口企业为服务对象，通过提供主要面向出口市场的设计、技术、质量控制、产品检测所需的公共技术及设备，为行业新技术和新标准交流、推广、咨询、培训或出口产品自检、预检等提供服务；承担国家、省、市有关部门下达的质量监督检验任务；开展汽配产品公共安全监测和检验检测相关科研活动，为随州汽配产品加工出口企业提供有效的检验检测服务。这可为全面提升本地区汽配产品的国际市场竞争力提供强有力的技术支撑，最终形成辐射中南地区的国家级专用汽车质量检测中心。

（8）湖北省（随州）专用汽车物流中心

面向本地专用汽车及零部件企业，对专用汽车零部件及整车的运输、仓储、包装、保管、搬运、改装及物流信息进行综合性一体化管理，涉及生产计划制订、采购订单下放及跟踪、物料清单维护、供应商管理、运输管理、进出口货物接收、仓储管理、发料及在制品管理、生产线物料管理、整车发运等作业流程，为原材料供应商、零部件商、整车生产厂商、批发商、物流公司及最终用户搭建有效的沟通桥梁，最终实现专用汽车物流系统化、效率化，提升专用汽车企业的成本优势。

（9）中国（随州）专用汽车博览中心

作为两年一度的中国（随州）国际专用汽车博览会的展示平台和中国（随州）专用汽车发展论坛的永久会址，多维度开展专用汽车产业领域的合作交流与信息共享，以最优化的资源配置、最新的行业动态和市场信息、最先进的科学技术，为随州专用汽车产业的创新发展做好充分储备。博览中心主要包括展览区、行政区和公共区三大区域。展览区主要由专用汽车博物馆和专用汽车展销馆组成，前者重在普及专用汽车知识、推广专用汽车文化、树立"中国专用汽车之都"的形象，后者重在宣传本地企业，销售专用汽车及零部件；行政区主要由行政事务、展会服务、人力资源等部门组成，负责博览中心的日常运营和后勤服务；公共区主要由主题公园、表演中心和临时展区等区域组成，为参观者提供休息娱乐的场所，也为参展商提供配套服务。

（10）国家科技兴贸创新基地

依托湖北省（随州）专用汽车技术中心、湖北省（随州）专用汽车质量检测中心和湖北省专用汽车设计服务平台，以及一大批企业技术研发中心、工程研究中心和博士后流动站，积极申报以专用汽车为特色的国家科技兴贸创新基地。

一是出台与落实鼓励专汽和零部件企业科技创新的政策。设立科技奖励基金，加大对科技成果推荐、高新技术产业发展、专利申请的扶持力度，努力营造有利于科技创新和进步的良好环境，推动企业科技创新能力的提高。

二是加快企业创新体系建设，保证科研经费及时到位，加强对企业创新工作的指导与引导，加大对企业的科技投入。

三是加大拥有自主知识产权的新产品的开发力度。重点围绕高新技术产业化、新产品研发、新技术新车型引进推广等领域，扶持科技含量高、市场前景广阔的项目。同时，积极向上级科技部门推荐，争取项目和资金支持。对企业正在研究开发的一些技术含量高、市场前景好的产品，提前介入，通过支持、培育，使其尽快产业化。

四是加大产、学、研结合力度，为专汽企业与大专院校、科研单位的合作牵线搭桥。积极采取"走出去、请进来"的办法，组织专汽企业通过参加产、学、研洽谈会、发布技术难题、进行技术采购、聘请专家作为技术顾问的方式与大专院校和科研单位建立长期且固定的联系，采用借助"外脑"的办法弥补企业科研力量的不足。

（11）汽车及零部件出口基地

以开拓国际市场为目的，实施市场国际化战略，积极申报国家汽车及零部件出口基地；紧抓"出口主体培育、外贸人才培养、外销平台搭建"三个着力点，加大汽车及零部件出口支持力度。落实中央和省的出口鼓励政策，迅速出台随州出口奖励政策，支持随州汽车及零部件做大规模，不断增添汽车及零部件出口的活力；转变观念，加强部门协作，加大汽车出口资质的申报力度和产业安全测试力度，不断优化出口服务环境。加大展会工作力度，增加东盟博览会、国际汽车博览会等展会摊位，推动企业扩大出口成交，组织企业参加德国、美国、澳大利亚、捷克、沙特等国际著名汽车及零部件展览会，自主开拓市场。积极申报建设物流保税区，为外商和随州企业商品提供进出口加工、国际贸易、保税仓储、商品展示等功能，使企业享受海关实行的"境内关外"制度以及其他税收、外汇、通关方面的特殊政策。

（12）国家高新技术产业示范基地

其一，突出产业特色集聚发展。以汽车及零部件为主导产业，以专用汽车为特色产业，凸显新型工业化的特点，大力推进产业集聚，建立完善产业链。

其二，突出专用汽车产业创新方式转变。大力发展专、精、特、新车型和新能源专用汽车，推进高新技术的产业化，着力提升随州专用汽车的产业能级、创新能力、技术水平和产品质量。

其三，突出资源集约环境保护。推进节能技术在专用汽车及零部件中的应用，推进资源消耗低、环境污染少、企业安全生产管理体系完善的新型专用汽车生态化园区建设。

其四，突出环境建设政策支持。建立完善的信息基础设施，大力推进信息技术应用，推进四个中心和五个平台的建设。

（13）中国（随州）国际专用汽车博览会

作为"中国专用汽车之都"对外开放的重要窗口，随州在展示专用汽车文化、企业形象和自主品牌的同时，要发布实施战略，展现先进技术和研发实力，沟通交流信息，促进招商引资；重点展示具有自主知识产权、自主品牌、高技术含量、高附加值的创新产品以及国优、省优和名牌产品；由汽车厂商自主建设品牌展示馆，以实物模型、虚拟现实、多媒体演示、图片及文字的方式重点宣传随州的龙头企业。

（14）中国（随州）专用汽车发展论坛

以中国（随州）专用汽车博览中心为物质载体，开展国际行业会议、行业高峰论坛、企业交流研讨、科普知识讲座等活动，突出思想性和前瞻性。邀请专用汽车制造商、采购商及相关机构深度参与，邀请国内外权威专家和研发机构与会，提升论坛的学术水平，举办权威专家讲座，传播先进技术和行业信息。

"5432"专用汽车产业服务体系各组成部分的关系见图9-3。

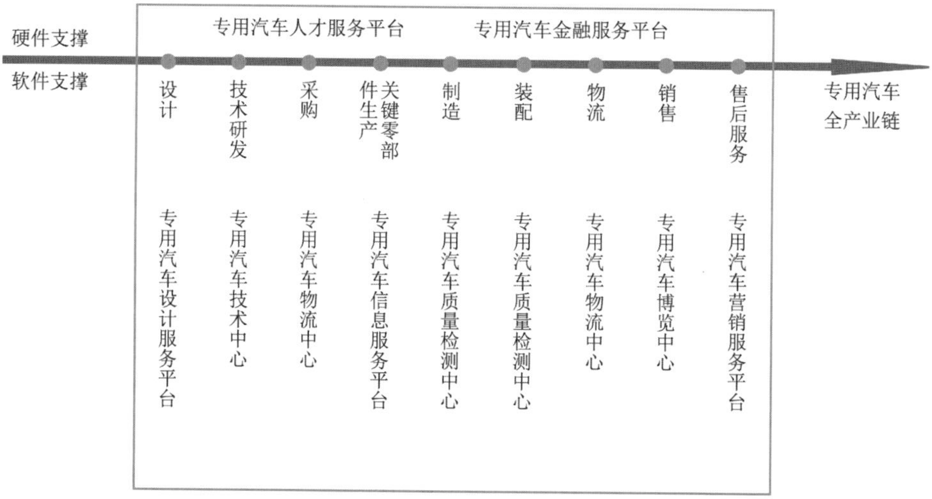

图9-3 ""5432"专用汽车产业服务体系各组成部分的关系

9.4 提高企业核心竞争力

切实加快企业创新体系建设，引导和支持创新要素向企业集聚，提升企业研发中心的层次，加快构建企业设计创新服务平台和共性技术服务平台，以自主设计创新、自主技术创新、自主品牌创新和自主制度创新提高企业核心竞争力。

（1）引导自主设计创新

以湖北省专用汽车设计服务平台为依托，将工业设计作为企业新产品开发的驱动力，通过产、学、研合作，在对市场需求做出正确分析预测的基础上，有效整合现有技术，在技术供给与需求之间实现创造性的匹配，通过集成创新、二次创新和微创新等设计创新路径，实现一车多型、一车多用。根据市场现有需求和社会潜在需求，向社会各领域开发新产品。

（2）完善自主技术创新

政府引导企业围绕《汽车产业技术进步和技术改造项目及产品目录》开展技术改造和产品升级。加大研发投入，突破专用汽车底盘、专用汽车装置等共性技术和关键技术；加快新材料、新工艺的应用，提高专用车的节能、环保和安全技术水平；加强科研技术成果转化，优化制造环境即生产过程中所需的加工工艺和设备，加强制造工业技术群（加工和装配技术群）与支撑技术群（支持设计和制造工艺两方面取得进步的基础性的核心技术）的建设，完善制造技术基础设施，全面提高制造技术；零部件生产企业要按照系统开发、模块化配套的发展趋势，与专用车企业建立长期战略伙伴关系，积极参与专用车企业的产品配套开发，不断提高零部件系统开发水平。支持具备条件的企业申报高新技术企业、创新型（试点）企业，建设国家级或省级技术中心、工程研究中心和重点实验室。对具有国内先进水平和自主知识产权的研发项目，优先安排自主创新专项资金支持；对符合《汽车产业技术进步和技术改造项目及产品目录》的项目，优先列入省市科技计划。

（3）加强自主品牌创新

既要着力引进国际国内知名品牌，又要大力培育本土品牌，系统提高企业品牌竞争力。建立健全"政府推动、部门联动、企业主动"的品牌创建机制，从质量管理、科技进步、培育扶持、强化服务、优化环境等方面入手，支持企业发展本土品牌，争创国家知名品牌和中国驰名商标。引导大企业通过扩展多种市场渠道加强品牌建设，通过巩固创新和完善服务提升产品形象，从品牌知名度、品牌美誉度和品牌忠诚度全方位打造无行政区划的自主品牌。引导中小企业与国内外品牌公司合资合作，实现自身的劳动力成本、经销渠道、客户资源等优势与知名品牌的有机结合，借知名品牌的影响力扩大自己的规模和实力。

（4）推动自主制度创新

克服家族式管理与人治化管理带来的弊端，在政府的引导与监督下，企业自主推动制度创新和管理创新，将企业设计创新、技术创新和品牌创新等活动制度化和规范化，同时又具有引导设计创新、技术创新和品牌创新的功效。在政府、企业和个人等不同主体的合力下，从出资人制度、法人财产权制度、所有者权益制度、法人治理结构、企业配套制度等多方面和多层次建构培育创新的土壤。

9.5 提升专汽文化软实力

（1）推进一展一会，搭建活动平台

以中国（随州）专用汽车博览中心为载体，以中国机械工业联合会和湖北省人民政府为高层主办单位，定期举办中国（随州）国际专用汽车博览会和中国（随州）专用汽车发展论坛，广泛组织开展招商引资、学术交流、项目洽谈、产品展销等多种形式的活动，通过相关报刊、网站、电台等媒体有序进行市场推广，并建立中国专用汽车各类产品评奖制度。依托一展一会，向国际国内市场推介"中国专用汽车之都"，将这两项活动办成中国机械工业联合会的重要品牌。

（2）加快"中国专用汽车之都"的城市形象建设

沿316国道从随州经济开发区淅河镇到曾都经济开发

区两水镇 20 千米长的路段、30 多平方千米的区域内，形成一条建设规范、功能齐全、产业链完备的随州专汽大道，在城市入口、专汽大道和重点园区建立以专汽为主题的标志性景观雕塑，引导重点企业加强厂区企业文化建设。通过随州专汽大道以及专用汽车主题公园的建设，打造随州特色城市文化形象、改善投资环境、促进城市经济发展、提高城市知名度。

（3）扩大宣传渠道，加大宣传力度

以一展一会为契机，依托湖北省专用汽车信息服务平台（随州汽车产业信息中心），将专用汽车商务、科技、文化、论坛有机结合，以拍摄专题片、网络宣传、专业展览、公益活动等多种形式，向外展示并推介随州专用汽车产业创新发展的最新成果，同时进行招商引资、学术交流、项目洽谈，从而提升"中国专用汽车之都"的知名度和美誉度，实现文化繁荣。

附录

附录一：日本专用汽车介绍

分类		简介
冷藏车		日本的冷藏车大小规格齐全，既有单纯冷藏车，也有单纯冷冻车，还有冷藏、冷冻两用车。其车厢材料除铝、FRP(一种强化塑料)外，还进一步采用了隔热材料。有的冷藏车分几个冷藏、冷冻室，可以进行不同的温度控制；有的车厢为冷藏、冷冻、一般物品三室，以适应特快专递的不同需要；还有的冷藏、冷冻室的空间可以调节。有的专用车厂家可生产中温、低温、超低温等各种不同的冷冻车，实现了系列化。有的冷冻车温度可在 +5℃ ~ –30℃间进行调节；有的冷冻车温度可低达 –60℃，适合于生鱼片、高级冰激凌等的运输；有的冷藏、冷冻车的内表面做了抗菌处理，更加适合食品运输。要说明的是，日本的冷藏车中既有翼形厢式冷藏车，也有侧开门、后开门式冷藏车。
土建用车	自卸车	日本的自卸车有栏板式，也有厢式，不仅可以从后面卸货，也可从左右卸货，适用于在卸货方向受到限制的场所作业。不仅有方形自卸车，也有圆形自卸车，还有自卸拖车，这是一种车厢较长的自卸车，有的长达 8.3 米，自卸角度达 50°，车辆总重可达 26 吨。
	搅拌车	搅拌车有大、中、小各种型号，笔者见到的资料中，最大的搅拌车车辆总重22吨，可搅拌 5.2 立方米的混凝土。中小型搅拌车则较适合于密集住宅区和工地较小的场所。搅拌车大都采用了寿命长、耐摩擦的高张力钢和便于清洗的高压水泵。
	混凝土泵车	这是一种可将混凝土压送到高处的车辆，适合于高楼作业，也适用于基础作业。笔者所见到的资料中，其混凝土排出量最大可达一小时 120 立方米，高度可达 36 米。
	起重车	在日本生产起重车较为有名的是多田野（TADANO）公司和古河（FURUKAWAUNIC）公司。其中多田野公司和日本建设省（现国土交通省）以"更亲近人类和自然的未来型建设机械"为主题共同开发了CREVO系列起重车，其安全性、操作性和舒适性都比较突出。"CREVO"是日本将起重和进化这两个词结合在一起，各取一部分而创造的词。值得一提的是，日本的许多厂家强调自己的起重车可全路面行驶。
	其他土建车辆	这类车的资料很少，包括有运输设备和自卸兼用的两用车等。这类两用车既可运输砂石，实现自卸，亦可运输建筑机械和农用机械等，提高了车辆使用率。

分类		简介
环保用车	保洁车	即垃圾收集车，这类车收集垃圾后可做一些初级处理。对垃圾的处理方式一般分为两种：压缩式和旋转板式。对垃圾的排出方式也有两种：压出式和自卸式。保洁车一般装有机械反转装置和计量装置。有的一台保洁车，车箱分为二室，一为压缩式，一为旋转板式，二室操作机械各自独立，一台车可同时收集两种垃圾。有的保洁车车箱可方便地卸下来进行交换。
	可脱离式集装箱运输车	日本将这类车英译为"Detouchable""Container""Carrier"。从资料看，这是车厢可脱离式的栏板车，当然也可以运输集装箱。这种车的车厢可简单地与汽车脱离进行交换，而且有的汽车不同形状的车厢可以在一台车上交换，提高了物流效率。有的车还有自卸功能。
	带回收装置的车	包括树枝破碎车、泡沫塑料处理车、空瓶破碎车、空罐处理车、废塑料运输车等。公路两边的树每年都要修剪，剪下来的树枝很多，这就产生了树枝破碎处理车。树枝经过两次破碎，形成均匀的片状物，这种片状物可做土壤材料、覆盖物等。据笔者所见资料，其处理树枝的最大直径是 130 毫米。泡沫塑料处理车集泡沫塑料的收集、处理、运输于一身，采用特殊溶剂在不改变化学构造的情况下，将泡沫塑料的体积缩减到原来的 1/100 ~ 1/50，处理后的物质可作为再生聚苯乙烯原材料再次利用。空瓶破碎车集空瓶的回收、破碎、粒度甄别、运输、商品化(出售碎玻璃)于一身，适合在住宅密集区使用。空罐处理车带有铁罐、铝罐、瓶子等自动甄别装置，可以将铁罐、铝罐压扁，减小体积，一台车即可进行回收和运输作业。
	污泥处理车	主要有高压洗净车、强力吸引车、污泥处理车等。高压洗净车一般配有高压水泵和液压驱动的软管，可由一人操作，适合于清洗各种污水槽、下水道、工厂内的污水管等，采用高压水清除管道内的各种污物及砂土等。强力吸引车利用高真空、大风量将污水和小砂石等吸进车内，特别适用于深处、远处等一般人力难以达到的地方。其吸入、排出时，固态物不经过泵内。有一种将高压洗净车和强力吸引车两种功能结合在一起的车辆，这种车在高压洗净的同时将污水吸到车内，并自动分离、过滤，作为高压洗净水再次使用于污泥处理车。有的在车上带有脱水机、发电机、原液供给泵、加药泵、药液罐、清水罐等，可对有机污泥进行化学处理，即在有机污水中加入适量的高分子凝集液，用脱水装置分开水和固态物。有的污泥处理车还有浓缩污泥的功能。这些车可以在短时间内进行高效率的除泥作业。
	其他环保车辆	环保车辆除上述几种外，还包括洒水车、加水车等，其吨位、规格也较多。洒水车的洒水方式有重力式、泵式等。加水车根据用途的不同，分为饮用水车和工业用水车两种。

分类		简介
不同用途的服务用车	高空作业车	包括适用于电气、通信、工程、高架桥点检等室外室内高空作业的各种车辆。结合大型起重车技术和高空作业车技术而开发的新型高空作业车，其上有 6.7 米 ×3 米的平台，可装备各种机械甚至厕所，最大可载重 6.7 吨，可长时间进行作业，最高可在 88 米的高空作业。
	养路车	包括洒水车、路面清扫车、救险车等。洒水车根据用途有各种形状和构造。路面清扫车既可收集木片等小垃圾，又带有可转动的毛刷，可清扫路面，其转速可单独调节，不影响车辆行驶速度，其操作系统全部是液压驱动；救险车是一种在事故发生后进行救援的车辆，一般带有起重装置和升降装置，有大中小各种规格，已形成系列。
	机场用车	包括航空燃料加油车、楼梯车、高空作业台车、加水车、污水车、除雪车、大型化学消防车等。这些车辆根据具体的用途和场所，其外观各不相同。
	福利车	这主要是方便残疾人乘坐的车辆。有的可将残疾人轮椅简单地收在后备箱里，有的汽车上的座椅可移到车外。有的公共汽车带有可升降残疾人轮椅的升降台。有的旅行车也带有升降台，可以将残疾人轮椅带人一起移入旅行车后部。福利车还包括可向任何人提供上门服务的洗浴车辆，这种洗浴车辆利用客户的水源加热后提供热水和浴缸，特别适合家中无浴缸又足不能出户的老年人使用。
	公共关系车辆	从资料看，这是处理与公众有关的突发事件的车辆，包括防灾支援车、消防车等。防灾支援车主要是应对地震、台风等天灾，在事故发生后迅速赶到现场，进行信息的收集、分析、联络及指挥等。这种车的内含车箱伸出变宽后，车内空间能增加两倍，可装备各种通信仪器、发电机、厨房、简易床、淋浴室、厕所等救急生活用品，作为信息发布和通信中心使用。消防车依据具体用途也有着不同的规格和形状。
	广告宣传车	包括移动销售车、展示车、大画面彩色液晶宣传车、交通安全教育车等。展示车可三面开放展示商品。彩色液晶画面宣传车可进行各种宣传。交通安全教育车主要是对司机进行交通安全教育的车辆，可观看交通安全教育片等资料，也可做模拟体验。
	其他服务用车	包括照明车、被褥干燥车、轨路两用车、废弃车辆处理车等。照明车一般有很高的架子，如高空作业车一般，适用于夜晚施工、事故救助、棒球比赛等各种场合。轨路两用车是一种可在公路和铁轨上行驶的作业车辆。

附录二：日本专用汽车企业介绍

厂家	简介
帕布库（PABCO）株式会社	日本专用车厂家中历史最悠久的要数1901年创立的帕布库株式会社，主要生产翼式车身、升降式后开门车、冷藏车、拖车、罐式车、车身可脱离式车、驾驶室及其他带特殊装置的车辆。
犬塚制作所	历史稍短于帕布库的是犬塚制作所，它设立于1919年。犬塚制作所是日本第一个特种专用车厂家，主要生产自卸车、真空车、罐式车、保洁车、搅拌车、高空作业车、原子能废弃物运输车等。近年来，该公司利用其积累的特种车改装技术，主要开发、生产电力工程用车。
田村机械公司	田村机械公司的历史最早可以追溯到1919年创立的田村帐篷商会，现在已形成了以田村机械为中心、包括生产弹簧和捆索的田村总业，生产工程机械用的舱室和窗户的田村车辆工厂，以及生产各种看板和筹备各种活动的田村企划在内的田村集团。田村机械主要生产电动翼形厢式车、自卸车等。
昭和飞行机工业株式会社	设立于1937年，生产过包括DC-3型运输机在内的约800架飞机。该公司在1967年2月引进德国斯匹亚公司散装粉粒运输车的生产技术，开始生产散装粉粒运输车。现主要生产各种散装粉粒运输车、罐式车、拖车、高空作业车等。
富士重工业株式会社	从原中岛飞行机株式会社演变而来，后发展成为日本的大汽车公司，以斯巴鲁（SUBARU）车闻名于世，但也生产一些保洁车、客车车身等，此外还生产飞机、铁路车辆、工程用发动机等。
输送机工业株式会社	由原中岛飞行机株式会社演变而来。前者现主要生产拖车、汽车零部件、铁路车辆零部件、飞机零部件等。
新明和（SHINMAYWA）工业株式会社	新明和设立于1949年，前身是日本制造飞艇的公司，现在是日本专用车、工程机械业的重要厂家，并生产与飞机、环保有关的产品。车辆方面主要生产自卸车、搅拌车、罐式车、散装粉粒运输车、高空作业车、带升降装置的牵引车、保洁车、车身可脱开式卡车、高压清洗车、强吸引力车、起重货车、升降式后开门厢式车、洒水车、加水车、饲料运输车、车辆运输车、各种可再生资源回收车等。
美川（MIKAWA）集团	美川集团是日本专用车厂家中率先在中国设有工厂的厂家。主要生产W翼形厢式车、污泥处理车、翼形厢式车、车身可脱离式车等，1995年在中国江苏省昆山市设有昆山美川专用汽车制造有限公司。
一些大汽车厂家设有从事汽车专用等业务的子公司	丰田集团在1945年设立了丰田车体株式会社；日产集团在1986年9月设立了日本奥太克（AUTECH）株式会社；日野集团在2002年10月将其在日野车体工业株式会社的卡车部门独立出来，成立了德兰泰库斯（TRANTECHS）株式会社；五十铃在1977年设立了五十铃特装开发株式会社。

附录三：美国专用汽车企业介绍

厂家	简介
戴姆勒北美卡车公司	总部设在俄勒冈州波特兰，在美国重型卡车市场占有 32% 的份额。
帕卡公司	帕卡公司已有百年历史，是世界排名第二的载重卡车生产商，仅次于德国戴姆勒 – 克莱斯勒公司。帕卡公司在美国、加拿大、墨西哥和澳大利亚都有生产，出产 彼得比尔特牌和肯沃思牌卡车，肯沃思和彼得比尔特在美国重型卡车市场上的占有率分别为 11% 和 10%。
美国马克（MACK）卡车有限公司	马克卡车公司是沃尔沃集团世界领先的卡车制造商之一，生产巴士和建筑设备、船用和工业应用、航空零部件和服务驱动系统，以及一部分重型柴油发动机（9~16 升）。马克货车是美国一家重型货车制造厂商，百年名企，也是全球最大型的厂商之一。
纳威司达（Navistar international Corporation）	该公司创立于 1830 年，经过多年的发展，现在已成为全球知名的中型、重型卡车和校车制造商。在北美重型卡车市场中约占 20% 的份额，在美国中型柴油发动机制造商中也名列前茅。目前生产的 128~250 千瓦的中型柴油发动机销量位居全球同行中的前列。该公司的主要产品是中型及重型卡车、特种专用车、公共汽车、校车和中型柴油机。
清风（Airstream-RV）房车公司	清风公司致力于追求制造"更好的拖挂房车"，美国清风房车公司是北美历史最悠久的房车制造商，产品以拖挂式 A 型房车为主；清风房车以其经典优美的外部造型、舒适豪华的内部装备成为全美备受人们喜爱的房车产品。
托尔（Thor）集团	托尔集团生产各式房车，包括自行式和拖挂式。旗下的品牌包括著名的"清风"（Airstream）和"荷兰人"（Dutchmen）。托尔集团也是美国中小型公共汽车的领先制造者。托尔集团有生产公共汽车和房车的工厂，也有自己的销售渠道，销售网点遍布美国和加拿大。
Jayco 房车有限公司	Jayco 公司成立之初，车型的设计和制造都是由劳埃德·邦格先生全家来完成的。他设计了露营拖车的最初原型，一种独一无二的可升降前突式露营车，这种独特的设计一直是该公司的专利，并且沿用至今。随着公司规模的不断壮大，员工人数也从之前的家庭式作坊发展成为一个拥有 1600 名员工的大型房车生产和制造商，每年的房车销售量为 2.5 万辆左右。Jayco 公司已经成为北美最大的私人所有的房车生产企业，并且成为房车市场上最成功的企业之一。公司目前生产自行式和拖挂式房车，品牌包括：Jay 系列、Baja、Select、Jay Flight、Eagle、Designer、Octane ZX、Recon ZX、Melbourne、Greyhawk、Seneca。
Coachmen-RV 集团	Coachmen 工业集团是全美最顶尖级的房车制造商，其生产的房车类型包括自行式房车和拖挂式房车。在拖挂 A 型房车市场上有 14.9% 的份额，拖挂 B 型房车市场上有 26.4% 的份额，在自行式 C 型房车市场上亦占了 10.9% 的份额。

厂家	简介
Monaco 房车公司	Monaco 房车公司隶属 Navistar 公司，是自行式房车与拖挂式房车生产制造商。总部位于美国俄勒冈州科堡，在印第安纳州也有生产设备。Monaco 房车公司重视房车的质量与售后服务，为广大消费者提供了具有创新性的房车设计。
Fleetwood 房车集团	Fleetwood 集团在房车领域排名第一，其生产的房车类型包括自行式房车和拖挂式房车。Fleetwood 房车集团推出的 2008 年款房车中许多都应用了全扩展科技。其中包括柴油驱动的豪华自行式 A 型房车"美国遗产"（American Heritage）、柴油驱动的高端自行式 A 型房车"革命者"（Revolution LE）、汽油驱动的自行式 A 型房车"南风"（Southwind）。
AMG 公司	AMG 公司以生产悍马（Hummer）而扬名世界。AMG 公司的创始人是自行车制造商乌特，1903 年成立越野（Overland）汽车部。AMG 公司推出的 Hmmwv 民用车"Hummer"，即悍马越野车，由于优异的运行性能，被业内外人士誉为"越野车王"。
特雷克斯（Terex）公司	特雷克斯公司是一家全球性、多元化的设备制造商，专门为建筑、基础设施、挖掘、采矿、货运、精炼以及公用事业等行业提供可靠的客户解决方案。公司分五个产业部门运作：高空作业平台、建筑机械、起重设备、物料加工与采矿设备，以及筑路、公用事业与其他产品。特雷克斯产品在位于北美、欧洲、澳洲、亚洲以及南美的工厂制造，然后销往世界各地。
卡特彼勒公司	创始于 1883 年，现在已成为生产工程机械、筑路机械、运输车辆和发动机的跨国大公司，拥有 55000 名职工，成为世界上最大的运输施工、物料搬运设备的制造厂家。又是柴油机、天然气发动机和涡轮发动机的主要生产厂家。现生产的机种有：标准型履带式推土机、低比压推土机、特殊用途的拖拉机、挖掘装载机、机动平地机、正铲挖掘机、反铲挖掘机、回转式抓斗、提升式铲运机、拖式铲运机、双发动机式铲运机、越野翻斗车、越野拖车、铰接式后卸车、吊管机、集材机和石油管道铺设机、拖运机、轮式装载机、压实机、填土压实机、履带式装载机、摊铺机、沥青摊铺机、压路机、发动机和提升叉车等产品。
奥什科什（Oshkosh Truck）公司	奥什科什公司是美国一流的重型军用和商用卡车制造商，以制造可以适应最极端天气和地形条件的高品质产品为傲。奥什科什卡车公司是生产特种卡车和用于防务、救火和急救、混凝土搅拌机和废料运输机等卡车车身的领先企业。公司生产奥什科什（Oshkosh）、Pierce、McNeilus、Medtec、Geesink 和 Norba 等品牌的产品。该公司总部设在威斯康星州奥什科什。Pierce Manufacturing（美国领先的定制消防设备制造商）是奥什科什的子公司。
通用汽车集团公司	通用汽车是通用集团旗下的 MPV 部门。现有使节（Envoy）、峡谷（Canyon）、西拉（Sierra）、育空河（Yukon）、旅行（Safari）、Savana 等一系列车型。通用汽车公司是世界上最大的汽车公司，年工业总产值达 1000 多亿美元。通用汽车公司在美国最大五百家企业中居首位，在世界最大工业企业中位居第二。它在美国及世界各地雇员达 80 万人，分布在世界上 40 个国家和地区，通用家族每年的汽车总产量达 900 万辆。通用汽车公司是美国最早实行股份制和专家集团管理的特大型企业之一。

厂家	简介
Winnebago 工业有限公司	Winnebago 工业有限公司是美国领先的自行式房车制造商。其凭借全自动型集装生产线具有的现代化工艺水平的电脑辅助设计及制造系统，生产 Winnebago 与 Iasca 两个品牌高质量的自行式房车。Winnebago 工业有限公司的所有房车均是在爱荷华州一体化的生产工厂制造的。公司的房车产品主要是通过遍布美国、加拿大及世界上其他几个国家的独立经销商到达终端客户手中的。2009 年，Winnebago 工业有限公司占据美国自行式 A 型及自行式 C 型房车综合市场销售份额的首要位置，这也是公司第九年连续获得该地位。Winnebago 工业有限公司拥有位于爱荷华州 27.87 万平方米的生产场地。其主要的综合型生产场地位于 Forest City，由 11 个相互独立的生产工厂组成，占地 23.23 万平方米，处于占地约 230.85 万平方米的区域内。除了 Forest City 综合工厂外，Winnebago 还有位于爱荷华州 Charles 市的房车、配件生产厂地。
福莱纳（Freightliner）公司	1981 年，德国戴姆勒·奔驰公司为了扩大北美的货车生产和销售市场，收购了福莱纳公司。1998 年，由于德国戴姆勒·奔驰公司与美国克莱斯勒公司重组，福莱纳家族成为戴姆勒 – 克莱斯勒集团的合资子公司。从 1992 年开始，福莱纳公司就已经占据了北美 8 级重型货车市场的老大地位；接下来，它又进入专用底盘市场，在南卡罗来纳州成立了客户底盘公司；1995 年福莱纳公司收购了它的第一个非传统的以制造消防车、救护车为主的美国兰番斯公司；1997 年福特公司为了下世纪核心业务目标，将自己的重型货车分部卖给福莱纳公司；1998 福莱纳又收购了托马斯比尔特客车公司；2000 年兼并西星货车公司。福莱纳集团拥有几大世界知名货车品牌，尤其以传统型长头重型货车为代表车型，包括福莱纳（重型和中型货车、军车和传统车架）、美国兰番斯（消防车和救护设备）、托马斯比尔特（校车、客车）、西星（重型长途运输专用货车和军用车）、斯特林（特种专用车和军车）、尤尼莫克（商用车）以及底盘、二手货车和零部件、运输管理软件等产品。

附录四：德国专用汽车企业介绍

厂家	简介
史密斯（Schmilz）公司	史密斯公司创立于 1892 年，最早是从一个乡村铁匠铺开始的，经过四代人 100 多年的不懈努力，它终于成为世界上最大的专用车制造商之一，规模在全球排名第三位，在欧洲排名第一位。公司总部位于德国的 Horstmar，其工厂主要位于德国的 Berlin、Altenberge、Vreden 和 Gotha。另外，在欧洲（包括东欧）、非洲、美洲均有其组装厂和销售机构。拥有员工超过 2600 名，整车年产量超过 2 万辆，其中冷藏半挂车、保温半挂车的年产量超过 7000 辆，冷藏车产品在整个欧洲的市场份额超过 56%，其产品已经销往欧洲、美洲、非洲、中东和远东地区，其品牌已享誉全球。另外，其标准化大批量生产的三明治金属复合保温板除满足自己的专用车生产需求外，还大量销售给其他专用车制造商，并销往世界各地。Berlin 工厂主要生产整体式保温箱；Altenberge 工厂主要生产软帘厢体半挂车、罐式半挂车、自卸半挂车和其他特种车及各种半挂车、全挂车专用底盘；Vreden 工厂主要生产标准尺寸的三明治金属复合保温板、冷藏半挂车、厢式半挂车及其专用底盘、冷藏 / 保温集装箱、专用方仓等。史密斯公司在全球最早将生态学概念引入专用车生产领域。在生产过程中，不仅要减少环境污染，而且要绝对消除任何导致环境污染的因素。从产品设计过程开始，即用最为经济、有效的方式来实现交通运输工具的使用效能和环保效能，并使其作用发挥至极限。史密斯公司是全球首家实现冷藏车制造过程无氟发泡的专用车制造商。
MAN 集团	德国 MAN 集团成立于 1758 年。三个字母"MAN"由公司前身"Maschinenfabrik Augsburg Nürnberg"（机械工厂奥斯堡 – 纽伦堡）的第一个字母组成。总部位于德国慕尼黑，旗下的 MAN（曼）商用车股份公司是世界著名的重型卡车制造商之一。MAN（曼）商用车辆股份公司是欧洲第三大卡车和客车生产商，也是 MAN（曼）集团中最大的一个企业。公司卡车生产的旗舰产品是 Trucknology·Generation 重卡系列车，另外还生产轻型和中型卡车。其产品品牌包括 MAN、Steyr、OAF、ERF 和 Star。在公交车中，MAN 是重要品牌，Neoplan（尼奥普兰）则是旅游车中的知名品牌。
奔驰	奔驰汽车公司已成为德国第一大汽车公司，目前拥有 12 个系列，百余种车型，年产量达到了近百万辆，总部设在斯图加特。
大众	2008 年，大众汽车收购瑞典卡车生产商斯堪尼亚。斯堪尼亚公司成立于 1891 年。自公司成立以来，斯堪尼亚公司已经制造并销售了超过 100 万辆的重型卡车和大型巴士。
索埃勒特种车辆有限公司	索埃勒重型车辆系列繁多，从 15 吨至 10000 吨，应用范围极广，如冶金工业、造船工业、建筑业、公路大件运输、化工设备成套搬迁、工矿企业、空间技术，几乎可以满足各种客户的需要。索埃勒公司车辆既可以在零下 25 摄氏度的阿拉斯加，又可以在零上 50 摄氏度的撒哈拉大沙漠及其他恶劣环境条件下使用。索埃勒公司目前近 10000 辆现代化的车辆销往世界各地（出口量 60%~70%），并有常驻维修工程师为东南亚地区服务。

附录五：随州专用汽车生产企业调查问卷

贵公司负责人：

您好！为了深入了解随州市专用汽车企业发展情况，制定相应的政策，协助企业做大做强，提高随州市专用汽车产业的整体竞争力，随州市经济和信息化委员会与武汉理工大学联合成立了"随州专用汽车产业发展规划课题组"，对随州市专用汽车企业进行调查。希望各企业积极配合，如实填写调查问卷。这次调查情况将作为今后制定相关鼓励政策和评价企业的直接依据，希望各公司拨冗认真对待此次调查活动，提供真实、可靠的数据。此次调查数据仅作为课题组内部分析统计所用，不对外公开或用于其他用途。请根据贵单位的实际情况，如实填写调查问卷。

随州市经济和信息化委员会

随州专用汽车产业发展规划课题组

2010 年 8 月

企业名称（全称）：_____　　法定代表人：_____

地址：_____　　邮政编码：_____

联系人：_____　　联系电话：_____

传真：_____　　E-mail：_____

填写方式：请在相应的代码上圈填或根据要求详细填写具体内容。

第一部分　企业基本情况

J1：a. 公司注册时间：_____年_____月

b. 公司注册资本_____万元（人民币）

J2：贵公司的性质（单选）

国有企业	1	
集体企业	2	请跳过 J3 直接回答 J4
民营企业	3	
外资企业	4	请续填 J3
其他（请注明）_____	5	请跳过 J3 直接回答 J4

J3：若为外商独资、中外合资（合作）或港澳台与内地（大陆）合资（合作）企业，请列出中方及外方情况。

出资方	企业名	出资额	股比	国家	地区
中方 1					
中方 2					
中方 3					
外方 1					
外方 2					
外方 3					

J4：企业生产的主要厢式汽车产品（可多选，请打"√"，或如实填写）

类别	具体分类产品				其他
厢式汽车	防疫车	手术车	殡仪车		
	警备车	囚车	通信车		
	指挥车	宣传车	计量车		
	仪器车	工程车	售货车		
	化验车	冷藏车	保温车		
	勘察车	电视转播车	检测车		
	监测车	运钞车	淋浴车		
	邮政车	检修车	住宿车		
	翼开启厢式车	爆破器材运输车	X 射线诊断车		
	计划生育车	地震装线车	厕所车		
	厢容可变车	警犬运输车	图书馆车		
	宣传消防车	勘察消防车	通信指挥消防车		

类别	具体分类产品				其他
厢式汽车	消毒车		修理车	餐车	
	血浆运输车				
罐式汽车	运油车		加油车	低温液体运输车	
	油井业处理车		散装电石粉车	散装水泥车	
	洒水车		绿化喷洒车	吸粪车	
	吸污车		清洗车	供水车	
	水罐消防车		泡沫消防车	供水消防车	
	混凝土搅拌运输车		沥青运输车	沥青洒布车	
	液态食品运输车				
专用自卸汽车	自装卸式垃圾车		自卸式垃圾车	压缩式垃圾车	
	摆臂式垃圾车		车厢可卸式垃圾车	污泥自卸车	
	厢式自卸车		粉粒物料自卸车	摆臂式自装卸车	
	运棉车		车厢可卸式汽车	背罐车	
起重举升车	汽车起重机		随车起重运输车	高空作业车	
	后栏板起重运输车		航空食品装运车	飞机清洗车	
	登高平台消防车		举高喷射消防车	云梯消防车	
	翼开启式栏板起重运输车				
仓栅式汽车	养蜂车		散装饲料运输车	散装粮食运输车	
	畜禽运输车		散装种子运输车		
特种结构汽车	钻机车		投捞车	修井车	
	排液车		通井车	测井车	
	地锚车		压裂车	清蜡车	
	电源车		混砂车	抢险车	
	清障车		运材车	照明车	
	扫路车		采油车	输砂车	
	沙漠车		锅炉车	牵引车	
	静力触探车		立放井架车	井架安装车	
	井控管汇车		洗井清蜡车	抽油泵运输车	
	固井水泥车		放射性源车	机场客梯车	
	混凝土泵车		集装箱运输车	车辆运输车	
	路面养护车		炸药混装车	可控震源车	
	照明消防车		干粉消防车	联用消防车	
	救援消防车				
汽车配件	汽车底盘				
	车身				
	车轮				
	汽车铸造件				
	其他汽车配件				

J5：企业通过的国际质量体系认证情况，请说明。（请详细填写认证名称及代号）

_____

_____

_____

_____

若企业为兼营企业，汽车业务占全部业务的 70% 以上，J7 和 J8 问题按企业整体情况填报；若汽车业务不足全部业务的 70%，J7 和 J8 问题仅填报与汽车业务相关的数据。

J6：企业主要经济指标

单位 / 万元（人民币）

项目	2007 年	2008 年	2009 年
工业总产值 (现行价)			
工业增加值 (生产法)			
新产品产值			
工业销售产值 (现行价)			
出口交货值			
出口金额 (万美元)			
全部从业人员平均人数（人）			
大学本科以上学历人数（人）			

J7：企业主要财务状况

单位 / 万元（人民币）

	2007 年	2008 年	2009 年
资产总计			
固定资产净值平均余额			
流动资产平均余额			
应收账款净额			
负债总计			
主营业务收入			
主营业务成本			
主营业务税金及附加			
管理费用			
财务费用			
销售费用			
利税总额			
应交增值税			

J8：企业生产和配套情况

专用车产品名称	2009 年产量［单位 / 件（台 / 套）］	主要配套企业
（1）		
（2）		
（3）		
（4）		
（5）		
（6）		
（7）		
（8）		
（9）		
（10）		

J9：企业年生产能力及预计达到的生产能力（分列主要品种）

单位 / 件（台 / 套）

专用车产品名称	2009 年	2010 年	2012 年	2015 年
（1）				
（2）				
（3）				
（4）				
（5）				
（6）				
（7）				
（8）				
（9）				
（10）				

第二部分　企业研发情况

Q1：贵企业是否为高新技术企业（单选）

是	1
否	2

Q2-1：贵企业是否有技术研发机构（请打"√"，或如实填写）

1	无		（请填写 Y2 题继续）
2	自有技术研发机构	国家级	（请填写 Y1 题继续）
		省市级	
		企业级	
3	合作技术研发机构	合作单位名称	（请填写 Y2 题继续）

Q2-2：贵企业是否有工业设计研发机构（请打"√"，或如实填写）

1	无		（请填写 Y2 题继续）
2	自有工业设计研发机构	国家级	（请填写 Y1 题继续）
		省市级	
		企业级	
3	合作工业设计研发机构	合作单位名称	（请填写 Y2 题继续）

Y1-1：技术研发机构从业人员情况（2009 年末统计）

单位 / 人

技术研发机构从业人数			
按学历分		按职称分	
博士		高级职称	
硕士		中级职称	
本科		一般技术人员	
大中专生			

Y1-2：专业工业设计研发机构从业人员情况（2009 年末统计）

单位 / 人

工业设计研发机构从业人数			
按学历分		按职称分	
博士		高级职称	
硕士		中级职称	
本科		一般设计人员	
大中专生			

Y2：2005 年以来，参与或主导国际 / 国家 / 行业标准制修订情况（请详细填写）

_____

_____

_____

_____

Y3：企业拥有高、精、尖设备及生产线情况（请详细填写）

设备 / 生产线名称	型号	主要性能指标	设备制造商	备注

注：1. 只填目前具有的国内领先、世界先进的设备及生产线；

2. 根据设备 / 生产线数量，企业可自行增加行数。

Y4：企业的设备情况

1.进口设备比例（按数量）	_____%
2.设备水平	高，较高，一般，较低，低
其中：国际先进	_____%
国内先进	_____%
一般	_____%
落后	_____%

Y5-1：企业各年度研发经费情况

年份	技术研发经费支出／万元	工业设计研发经费支出／万元	总计／万元	约占销售收入比重／%
2007 年				
2008 年				
2009 年				

Y5-2：企业各年度工业设计研发详细情况

年份	外观设计研发经费支出／万元	色彩、材质与面饰工艺设计研发经费支出／万元	人机界面设计研发经费支出／万元	年度设计研发的新品量／项
2007 年				
2008 年				
2009 年				

Y6-1：贵公司的技术来源（可多选）

本公司独立研发	1	模仿本地其他企业的产品和技术	4
与当地企业或科研机构合作研发	2	模仿外地其他企业的产品和技术	5
与外地企业或科研机构合作研发	3	引进国际相关公司先进技术	6

Y6-2：贵公司的工业设计成果来源（可多选）

本公司独立研发	1	模仿本地其他企业的产品外观及色彩	4
与当地企业或科研机构合作研发	2	模仿外地其他企业的产品外观及色彩	5
与外地企业或科研机构合作研发	3	引进国际相关公司先进设计成果	6

Y7：与同行业企业相比，贵公司的新产品开发能力（或者引进新产品的能力）情况（单选）

强	1
一般	2
弱	3

Y8：截至 2009 年底，企业被授权的专利的情况

企业被授权的专利数量	＿＿＿＿＿＿件
其中：发明专利数量	＿＿＿＿＿＿件
实用新型专利数量	＿＿＿＿＿＿件
外观专利数量	＿＿＿＿＿＿件

Y9：企业海外专利被授权情况及被授权时间

＿＿＿＿＿＿＿＿＿＿＿＿＿＿＿＿＿＿＿＿＿＿＿＿＿＿＿＿＿＿＿＿＿＿＿＿

＿＿＿＿＿＿＿＿＿＿＿＿＿＿＿＿＿＿＿＿＿＿＿＿＿＿＿＿＿＿＿＿＿＿＿＿

Y10：企业是否拥有自有商标，如拥有自有商标属于以下哪类

Y10-1	（单选）	Y10-2	（可多选）
有	1	中国名牌	1
		驰名商标	2
		湖北省重点培育和发展的出口品牌	3
		湖北省名牌	4
		湖北省著名商标	5
		随州市名牌	6
		随州市著名商标	7
无	2	跳问 Y12	

Y11-1：企业自有商标在海外注册情况

_____

_____

_____

_____

Y11-2：企业自有商标的注册时间：_____年_____月。

Y12：企业是否有自己公司的网站，如有请注明公司网址

Y12-1	单选	Y12-2
有	1	请注明网址：_____
没有	2	跳问 Y13

Y13：企业技术成果情况（请详细填写）

_____

_____

_____

_____

_____

_____

第三部分　企业销售情况

C1：整体销售情况 　　　　　　　　　　　　　　　　　　单位 / 万元

年份	销售产值	销售利润	售后服务产值	出口产品交货值	实缴税金	资产总值
2007 年						
2008 年						
2009 年						

C2：主要产品销售情况 单位 / 万元

产品类型及名称	2007 年	2008 年	2009 年
（1）			
（2）			
（3）			
（4）			
（5）			
所占市场份额（%）			

C3：销售市场结构 单位 / 万元

销售市场或地区	2007 年		2008 年		2009 年	
	售后市场	配套市场	售后市场	配套市场	售后市场	配套市场
湖北省内						
东北地区（黑龙江、吉林、辽宁）						
华北地区（北京、天津、河北、山西、内蒙古）						
华东地区（上海、江苏、浙江、安徽、福建、江西、山东）						
华中地区（河南、湖北、湖南）						
华南地区（广东、广西、海南）						
西北地区（陕西、甘肃、青海、宁夏、新疆）						
西南地区（重庆、云南、贵州、四川、西藏）						
其他地区（中国港澳台及国外）						
合计						

C4-1：专用汽车销售渠道及业绩调查（请打"√"，或如实填写）

1	品牌专卖式（4S 店）		2	汽车大卖场 / 汽车超市	
3	总代理式		4	区域代理式	
5	特许经销式		6	网络销售式	
7	其他方式				

C4-2：请将上述渠道按重要性由大到小排序

重要性排序	1	2	3	4	5	6	7
（C4-2 编码）							

C4-3：请将前三类列举如下，并填写 2009 年度各类销售渠道的投入经费以及主要经费方向。

2009 年	主要销售渠道类型	年度总投入经费	主要经费方向
（1）			
（2）			
（3）			

第四部分　随州市政策环境

对于专用汽车整车及汽车配件行业政策方面，随州市政府均有相关的政策法规，请在详细了解随州市政策环境后填写下表。

Z1：请对随州市的政策环境满意程度打分，采用 5 分制，1 分代表完全不同意，5 分代表完全同意，中间为过渡分值，您将怎样评价以下方面？（每行单选）

	完全不同意 1	部分不同意 2	不清楚 3	基本同意 4	完全同意 5
（1）企业享受了优惠的税收政策					
（2）政府对不同类型企业的税收政策很公平					
（3）企业除税收外的其他费用负担很高					
（4）专门的财政资金扶持当地企业发展					
（5）专门的基金奖励优秀的企业					
（6）设立鼓励企业创新的基金					
（7）对企业和公共机构的基础研究给予资助					
（8）当地有多种融资渠道					
（9）当地金融机构的贷款利率优惠					
（10）便于企业贷款担保的政策很到位					
（11）当地的产权交易机构完善					
（12）投资审批程序简化					

	完全 不同意 1	部分 不同意 2	不清楚 3	基本 同意 4	完全 同意 5
（13）宽松的外汇政策					
（14）当地的土地政策优惠					
（15）当地的出口政策优惠					
（16）当地的海关手续便捷					
（17）对企业的专利保护政策很完善					
（18）有有效地吸引国内人才的政策					
（19）有有效地吸引海外归国人才的政策					
（20）政府积极引导专业市场建设					
（21）政府重视培育本产业的龙头企业					
（22）政府鼓励企业自主创新					
（23）政府重视组织当地产品展销会					
（24）政府重视培育当地的知名品牌					
（25）政府的产业政策有利于培育本地优势产业					
（26）当地的政策有利于国有企业发展					
（27）当地的政策有利于外资企业发展					
（28）当地的政策有利于民营企业发展					

第五部分　政策建议

Z1：在技术研发或引进技术方面，贵企业需要政府采取哪些措施？给予哪些扶持政策？

_____

_____

_____

Z2：在利用外资或金融服务方面，贵企业认为政府应制定何种政策引导企业？

_____

_____

_____

Z3：在自主品牌建设方面，贵企业需要政府采取哪些措施？给予哪些扶持政策？

_____

_____

_____

Z4：在知识产权保护方面，贵企业需要政府采取哪些措施？

_____

_____

_____

Z5：如果导入工业设计进行产品外观设计、人机界面设计、色彩材质与面饰工艺研究等，贵企业需要政府采取哪些措施？给予哪些扶持政策？

_____

_____

_____

Z6：贵企业对政府鼓励企业参加国内外展会有哪些建议？

_____

_____

_____

Z7：在产业基础建设方面，贵企业对相关政策的制定有何要求？

Z7-1：专用汽车公共信息服务

_____

_____

Z7-2：专用汽车物流

_____

_____

Z7-3：技术和产品认证

_____

_____

Z7-4：知识产权申请与保护

_____

_____

Z7-5：人才培训

_____

_____

Z7-6：对外交流

_____

_____

Z7-7：其他

_____

_____

_____

Z8：政府应为企业提供国内外采购信息，建立数据库，组织招商，为企业带来更多同外商交易、合作的机会。贵企业在此方面有何建议？

_____

_____

_____

_____

_____

Z9：相关行业协会和中介机构在企业销售与出口中主要承担监督、协调、组织、咨询等作用，贵企业对于发挥行业协会、中介机构促进销售与出口的作用方面有何建议？

_____

_____

_____

_____

Z10：贵企业对随州建设"中国专用汽车之都"有哪些建议？

_____

_____

_____

_____

问卷填写完毕后，请将企业的主要产品、生产设备及厂房进行图文拍照记录，感谢您的大力支持！

附录六：随州专用汽车企业访谈提纲

随州专用汽车企业访谈提纲（一）

企业名称：＿＿＿＿＿＿＿＿＿＿＿＿＿＿

访谈地点：＿＿＿＿＿＿＿＿　访谈时间：＿＿＿＿＿＿＿＿

被访者信息

管理部门　姓名：＿＿＿＿＿＿　职位：＿＿＿＿＿＿＿＿联系电话：＿＿＿＿＿＿

1. 请简单介绍贵企业的发展历史和基本情况。与同行业企业相比，本企业的优势在哪里？劣势在哪里？

2. 请介绍贵企业的产品情况。在目前的产品中，哪些是本企业的主导产品（技术或性能上有特色的产品）？哪些是本企业获利最大的产品？

3. 在本行业市场中，本企业的市场机会在哪里？市场威胁来自哪方面？您认为从战略角度考虑，需要重点解决哪些问题？制约企业发展的主要因素是什么？

4. 企业是否每年都详细拟订业务发展计划或新产品开发计划？能预见到半年后、一年后的前景吗？在这样一个快速发展、变化迅速的市场，企业对自己的发展前景到底如何定位？

5. 在核心业务领域的未来竞争中，哪些是竞争的核心要素？企业已经掌握了哪些要素？这种优势未来如何能继续保持？针对自身的劣势，如何进行规避或者强化和改善？

6. 有没有专用汽车集群内共同采用的先进的技术、工艺、品牌、设计、渠道、标准等？企业是否希望与专用汽车集群内其他企业组成战略联盟？

7. 如何和供应商、生产商、销售代理商、顾客之间建立网络？与当地政府、大学或研究机构、金融机构、中介服务组织等相关支撑体系之间，是否通过长期的联系形成本地化网络？

8. 企业人才是自己培养还是引进？对关键人才有无特殊措施？企业有无培训计划？企业是否经常为员工提供如外派学习、岗位交流、员工培训等机会？需要政府配合提供哪些方面的培训？

9. 对随州市产业政策的基本印象如何？随州最近出台了哪些指导意见或支持政策？希望政府出台哪些方面的措施或政策？

10. 对于建设"中国专用汽车之都"，随州的优势、机会在哪里？

随州专用汽车企业访谈提纲（二）

企业名称：＿＿＿＿＿＿＿＿＿＿＿＿＿＿＿＿

访谈地点：＿＿＿＿＿＿＿＿＿　访谈时间：＿＿＿＿＿＿＿＿＿

被访者信息

技术与生产部门　姓名：＿＿＿＿＿＿　职位：＿＿＿＿＿＿联系电话：＿＿＿＿＿

1.请简单介绍一下专用汽车行业的技术现状，或者你所了解的国内外现状与发展趋势。

2.请简单介绍一下目前贵企业的设计开发情况。设计开发的重点是什么？应用范围有多大？专利情况如何？能不能形成技术壁垒？如果不能，市场竞争的优势在哪里？

3.企业是否每年都详细拟订新产品开发计划？最近3年内企业的技术开发工作的开展情况如何？有新产品、新工艺吗？产品销售情况怎么样？

4.企业产品开发的基本流程是怎样的？存在哪些问题？需要如何改进？

5.企业所开发产品的市场分布如何？客户需求对企业创新的作用是怎样的？

6.目前自主研发的情况怎样？自主创新对于汽车企业的重要意义有哪些？

7.企业主要与哪些科研单位或高校合作？合作研发的组织机制是怎样的？有无高校或科研合作基地？对建设相关基地有哪些意见和建议？

8.有无业务外包？或者承接外包业务？业务外包能力相较以往发展如何？主要的原因和主推力量是什么？

9.通过何种渠道获取新技术、新产品、新工艺的相关信息？渠道是否通畅？信息是否最新？获取是否容易？

10.对于建设"中国专用汽车之都"，从技术角度看，随州的优势、机会在哪里？

随州专用汽车企业访谈提纲（三）

企业名称：＿＿＿＿＿＿＿＿＿＿＿＿＿＿＿＿

访谈地点：＿＿＿＿＿＿＿＿＿　访谈时间：＿＿＿＿＿＿＿＿＿

被访者信息

销售部门　姓名：＿＿＿＿＿＿　职位：＿＿＿＿＿＿　联系电话：＿＿＿＿＿

1.营销部门是否有产品发展的战略目标和策略？是否有考虑未来企业的发展和产品定位？

2.与竞争对手存在怎样的差距？各自的优势和劣势在哪里？如何改善？

3.是否有对竞争对手的研究，如何研究？是否由专人负责，定期或不定期系统分析收集的情报？

4.是否有与国际同类企业及产品相比较？有何差距？如何制定缩小差距的相应措施和方案？

5.近三年来开发了哪些新产品？销售状况如何？在销售总额中所占比例、在同类产品中领先程度如何？

6.目前的销售方式或渠道是什么？目前的销售方式对企业的发展有哪些限制？

7.企业是否致力于建立自己的营销网络？这方面对政府有什么建议？

8.售后服务的具体做法如何？您认为收益何在？其他竞争对手是如何做的？在售后服务上企业是否有竞争力？

9.是否持续对销售人员进行培训？如何对销售人员培训？这方面对政府有什么建议？

10.对于建设"中国专用汽车之都"，从市场的角度看，随州的优势、机会在哪里？

附录七：《关于促进工业设计发展的若干指导意见》

《关于促进工业设计发展的若干指导意见》

工信部联产业〔2010〕390号

各省、自治区、直辖市、计划单列市及新疆建设兵团工业和信息化主管部门、教育、科技、财政、人力资源社会保障、商务、国家税务、地方税务、统计、知识产权、银监、证监局（委、厅、办），有关行业协会：

为加速推进新型工业化进程，推动生产性服务业与现代制造业融合，现就促进我国工业设计发展提出如下意见。

一、充分认识大力发展工业设计的重要意义

工业设计是以工业产品为主要对象，综合运用科技成果和工学、美学、心理学、经济学等知识，对产品的功能、结构、形态及包装等进行整合优化的创新活动。工业设计的核心是产品设计，广泛应用于轻工、纺织、机械、电子信息等行业。工业设计产业是生产性服务业的重要组成部分，其发展水平是工业竞争力的重要标志之一。大力发展工业设计，是丰富产品品种、提升产品附加值的重要手段；是创建自主品牌，提升工业竞争力的有效途径；是转变经济发展方式，扩大消费需求的客观要求。

改革开放以来，我国工业设计取得了长足发展。目前，工业设计已初步形成产业，特别是在经济发达地区已初具规模；一批制造业企业高度重视和广泛应用工业设计，取得明显成效；专业从事工业设计的企业发展迅速，设计服务水平逐步提高，一些优秀设计成果已经走向国际市场；专业人才队伍不断扩大，工业设计教育快速发展。但是，我国工业设计发展仍处于初级阶段，与工业发展要求和发达国家水平相比还有很大差距，在发展过程中还存在许多突出矛盾和问题。主要是：对工业设计作用认识不足，重视不够；缺乏高水平的专门人才，自主创新能力弱；政策支持、行业管理和知识产权保护亟待加强等。各地区、各有关部门要充分认识大力发展工业设计的重要意义，采取切实有效的政策措施，促进工业设计加快发展。

二、促进工业设计发展的指导思想、基本原则和发展目标

（一）指导思想。以邓小平理论和"三个代表"重要思想为指导，深入贯彻落实科学发展观，按照走新型工业化道路和建设创新型国家的要求，发挥企业市场主体作用，政府积极扶持引导，完善政策措施，优化发展环境，促进我国工业设计产业健康快速发展。

（二）基本原则。坚持设计创新和技术创新相结合，提高工业设计自主创新能力；坚持专业化发展和在工业企业内发展相结合，提升工业设计产业发展水平；坚持政府引导和市场调节相结合，为工业设计发展创造良好环境。

（三）发展目标。到2015年，工业设计产业发展水平和服务水平显著提高，培育出3-5家具有国际竞争力的工业设计企业，形成5-10个辐射力强、带动效应显著的国家级工业设计示范园区；工业设计的自主创新能力明显增强，拥有自主知识产权的设计和知名设计品牌数量大量增加；专业人才素质和能力显著提高，培养出一批具有综合知识结构、创新能力强的优秀设计人才。

三、提高工业设计的自主创新能力

（一）加强工业设计基础工作。鼓励科研机构、设计单位、高等学校开展基础性、通用性、前瞻性的工业设计研究。提高工业设计的信息化水平，支持工业设计相关软件等信息技术产品的研究开发和推广应用。整合现有资源，建立实用、高效的工业设计基础数据库、资源信息库等公共服务平台，加强资源共享。

（二）建立工业设计创新体系。引导工业企业重视设计创新，鼓励企业建立工业设计中心。国家对符合条件的企业设计中心予以认定。鼓励工业企业、工业设计企业、高等学校、科研机构建立合作机制，促进形成以企业为主体、市场为导向、产学研相结合的工业设计创新体系。

（三）支持工业设计创新成果产业化。重点支持促进产业升级、推进节能减排、完善公共服务、保障安全生产等重点领域拥有自主知识产权的工业设计成果产业化。鼓励发展体现中华民族传统工艺和文化特色的工业设计项目和产品。

四、提升工业设计产业发展水平

（一）促进工业企业与工业设计企业合作。鼓励工业企业将可外包的设计业务发包给工业设计企业，扩大工业设计服务市场。支持工业企业和工业设计企业加强多种形式合作，通过设计创新，促进工业企业的产品升级换代、市场开拓和品牌建设。

（二）引导工业设计企业专业化发展。鼓励工业设计企业加强研发和服务能力建设，创新服务模式，提高专业化服务水平。推动工业设计企业以市场为导向、以设计为核心、以资本为纽带的兼并重组，不断增强企业实力。

（三）推动工业设计集聚发展。鼓励各地根据区域经济发展实际和产业、资源比较优势，建立工业设计产业园区。加强公共服务平台建设，吸引工业设计企业、人才、资金等要素向园区集聚。培育和认定一批国家级工业设计示范园区，发挥辐射和带动作用。

五、加快培养高素质人才

（一）完善工业设计教育体系。探索建立有利于工业设计人才成长的教育体系和人才培养模式，培养适应工业发展需求的工业设计复合型人才。加强高等学校的工业设计学科建设，加大对工业设计专业教学、科研、实验的软硬件支持，提升教师水平，支持聘用有实践经验的工业设计人员任教。

（二）建立健全工业设计人才培训机制。支持符合条件的工业设计园区、工业设计企业设立博士后科研工作站。鼓励有条件的企业创建工业设计实训基地。支持有条件的单位选送优秀工业设计师出国培训，学习借鉴国外先进工业设计经验。鼓励行业协会、高等学校、科研机构和企业联合开展工业设计培训。

（三）积极引进优秀工业设计人才。鼓励海外优秀工业设计人才回国（来华）创业和从事工业设计研究教学工作。鼓励企业招聘海外优秀工业设计人才，完善技术入股等激励机制，妥善解决社会保障和工作生活待遇等问题，为海外优秀工业设计人才回国（来华）工作创造良好条件。

六、推动对外交流与合作

（一）提高工业设计对外开放水平。积极引进新的设计理念、先进技术和管理经验，提升国内工业设计水平。鼓励跨国公司和境外著名的工业设计机构来华设立设计中心或分支机构。鼓励国内工业企业、工业设计企业与境外设计机构建立多种形式的合作关系。

（二）积极参与国际竞争和合作。健全政策支持和服务体系，大力发展工业设计服务贸易，不断提高规模、层次和水平。积极承接国际工业设计服务外包业务，推动工业设计服务出口。支持企业"走出去"，鼓励有条件的工业企业、工业设计企业在境外建立设计研发中心。支持国内工业企业和工业设计企业参与有关国际标准的制定。

七、营造良好的市场环境

（一）提高全社会的工业设计意识。加强政策引导和舆论宣传，在全国开展工业设计宣传、展览、交流等活动，普及工业设计理念。鼓励地区之间开展多种形式的工业设计交流与合作。引导企业，特别是中小企业广泛重视和应用工业设计，提高新产品开发能力。鼓励创办高水准的工业设计报刊、杂志和网站。

（二）建立工业设计评价与奖励制度。研究建立工业设计专业技术人员职业资格制度，开展工业设计专业技术人员职称评聘。建立工业设计企业资质评价制度，引导和规范行业发展。建立优秀工业设计评奖制度，鼓励工业设计创新。

（三）加强和改善行业管理。加强市场监管，推动诚信建设，规范工业设计企业经营行为，维护公平有序的市场竞争秩序。充分发挥行业协会等中介组织作用，加强行业自律，为产业发展提供积极有效的服务。有条件的地区可编制区域性工业设计发展规划，引导本地区工业设计健康发展。

（四）加强知识产权应用和保护。鼓励企业和个人就工业设计申请专利和进行著作权登记。建立工业设计知识产权信用公示制度和预警机制，加大对侵犯知识产权行为的惩处力度。建立完善工业设计知识产权交易平台和中介服务机构，促进知识产权的合理有效流通。鼓励和支持公民及法人以工业设计知识产权作价出资创办企业。鼓励在产品或包装等相关物品上标注设计机构或设计者名称。鼓励权利人充分利用知识产权维护自身的合法权益。

（五）健全信息统计工作。完善国家统计标准，明确工业设计产业统计分类，提高工业设计统计数据的科学性和准确性。建立工业设计统计调查制度，完善工业设计统计调查方法和指标体系，促进工业设计信息交流，为政府制定政策提供依据。

八、加大政策支持力度

（一）加大财政资金投入。发挥财政资金的引导作用，重点支持工业设计企业开拓市场、提高自主创新能力、建设公共服务平台，带动社会资金支持工业设计发展。中央财政促进服务业发展专项资金、科技型中小企业技术创新基金等，对符合条件的工业设计企业给予支持。有条件的地区可设立工业设计发展专项资金。

（二）实施税收扶持。企业用于工业设计的研究开发费用，按照税法规定享受企业所得税前加计扣除政策，鼓励企业加大设计研发投入。工业设计企业被认定为高新技术企业的，按照国家税法规定享受高新技术企业相关税收优惠政策。

（三）拓宽融资渠道。健全完善政府支持引导、全社会参与的多元化投融资机制，鼓励社会各类资本加大对工业设计投资。支持符合条件的工业设计企业在境内外资本市场上市融资。鼓励创业风险投资机构对工业设计企业开展业务。

（四）加大信贷支持。银行业金融机构对工业设计企业，特别是拥有自主知识产权的工业设计优势企业，在控制风险的前提下，积极拓宽抵质押品范围，开发适合工业设计企业的创新型金融产品，对其合理信贷需求给予支持。鼓励信用担保机构为工业设计企业，特别是中小工业设计企业提供贷款担保。拥有自主知识产权的工业设计企业享受科技型中小企业信贷支持有关政策。

各有关部门要按照本指导意见的要求，加强合作，密切配合，积极推动工业设计产业加快发展。各地方工业和信息化主管部门要会同有关部门，加强对本地区工业设计发展情况的调研和分析，结合实际，制定贯彻本意见的具体办法，并抓好落实。

工业和信息化部　教育部　科学技术部

财政部　人力资源和社会保障部　商务部

国家税务总局 国家统计局 国家知识产权局

中国银行业监督管理委员会 中国证券监督管理委员会

二〇一〇年七月二十二日

附录八："十二五"时期随州专用汽车产业发展主要指标预测

主要指标	单位	2005 年	2010 年	2012 年（预计）	2015 年（预计）	年均递增 / %
随州汽车产业总产值	亿元	36.51	151.34	240	500	28
随州汽车产业总产值占工业总产值比重	%	18.57	29.69	32.15	37.82	—
随州汽车产业出口额	万美元	184	14300	24167	50000	30
随州汽车产业利税合计	亿元	1.4752	11.51	21	52	35
随州专用汽车产能	万辆	—	9	14	28	25
随州专用汽车产量	万辆	1.37	7	11	21	25
随州专用汽产量占全国专用汽车产量比重	%	3.55	5.04	5.97	7.14	—

附录九：随州专用汽车产业"5432"服务体系建设

	建设任务	目标	责任单位	参与单位
两项活动	中国（随州）国际专用汽车博览会	国际级	经信委	发改委、科技局、商务局、质监局、公安局、工商局等
	中国（随州）专用汽车发展论坛	国际级	经信委	发改委、科技局、商务局、质监局、公安局、工商局等
三个基地	国家科技兴贸创新基地	国家级	科技局	商务局、发改委、经信委、财政局、工商局等
	汽车及零部件出口基地	国家级	商务局	发改委、经信委、财政局、工商局、国税局、地税局等
	国家高新技术产业示范基地	国家级	科技局	发改委、经信委、财政局、工商局、国税局、地税局等
四个中心	湖北省（随州）专用汽车技术中心	省级	科技局	发改委、质监局、经信委、财政局、工商局等
	湖北省专用汽车质量检测中心	国家级	质监局	发改委、科技局、国土资源局、经信委、财政局等
	中国（随州）专用汽车博览中心	省级	经信委	发改委、科技局、国土资源局、经信委、财政局等
	湖北省专用汽车物流中心	省级	发改委	经信委、财政局、工商局、商务局等
五个平台	湖北省专用汽车设计服务平台	国家级	科技局	发改委、国土资源局、经信委、财政局、质监局等
	湖北省专用汽车信息服务平台（随州汽车产业信息中心）	省级	经信委	发改委、国土资源局、经信委、财政局、质监局、工商局、商务局、科技局、进出口检验检疫、电信公司等
	湖北省专用汽车营销服务平台	省级	商务局	发改委、经信委、财政局、工商局等
	湖北省专用汽车金融服务平台	省级	人民银行	工行、农行、建行、中行、农发行、信用联社、财政局、经信委等
	湖北省专用汽车人才服务平台	省级	人社局	科技局、职业技术学院等

附录十："21331"工程重点培育企业

产值指标	家数	企业名称
100 亿元	2	湖北齐星、恒天汽车
50 亿元	1	湖北程力
30 亿元	3	重汽华威、全力机械、厦工楚胜
20 亿元	3	东风随州专汽、航天双龙、三环铸造
10 亿元	10	东风车轮、江南东风、成龙威、湖北合力（华星）、新中绿、奥马专汽、大力精功、奥龙专汽、神马齿轮、亿丰型钢

附录十一：随州专用汽车产业"十二五"发展规划 PPT

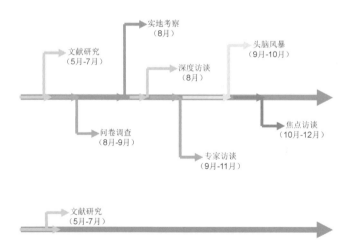

研究流程与方法

查阅期刊论文585 篇（其中关于专用汽车行业论文272篇、关于专用汽车企业论文95篇、关于专用汽车产品论文218篇）；

查阅相关专业书籍27部；

访问相关网络站点1427个；

参阅相关研究报告7部。

问卷调查
（8月-9月）

实际发放调查问卷共35套，回收20余套

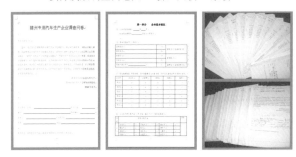

实地考察
（8月）　考察走访企业共计35家

深度访谈
（8月）　深度访谈企业共计22家

专家访谈
（9月-11月）

1、谭志勇
   随州市副市长

2、赵 航
   中国汽车技术研究中心主任

3、张国方
   武汉理工大学汽车工程学院副院长

4、蒋代斌
   随州汽车行业协会秘书长

5、尚志斌
   随州经济开发区管委会 副主任

头脑风暴
（9月-10月）

焦点访谈
（10月-11月）

随州市专用汽车产业"十二五"发展规划建议　武汉理工大学　Wuhan University of Technology

一、"十一五"时期随州汽车产业的基础与现状

二、"十二五"时期随州专用汽车产业发展的内外环境

三、"十二五"时期随州专用汽车产业发展的思路与启示

四、"十二五"时期随州专用汽车产业发展规划

五、"十二五"时期随州专用汽车产业发展的保障措施

一、"十一五"时期随州汽车产业的基础与现状　武汉理工大学　Wuhan University of Technology

　　"十一五"以来，随州专用汽车产业坚定实施"工业兴市"战略，在国家与湖北省相关政策的引导与支持下，已经发展至爬坡阶段，并呈现出速度加快、结构改善、效益提高、后劲增强的良好态势。随州现已发展成为我国专用汽车主要生产基地之一，并被中国机械工业联合会命名为 中国专用汽车之都 。

一、"十一五"时期随州汽车产业的基础与现状　武汉理工大学　Wuhan University of Technology

（一）"十一五"时期随州汽车产业取得的显著成就

1、总量快速增长，支柱产业地位更加突出

2、市场逐步规范，产业链条体系初步形成

3、产品类别齐全，产能规模不断扩大

4、技术不断改进，产品创新初显成效

5、引资步伐加快，存量资产有效激活

6、订单模式培养，技能人才优势明显

（二）"十一五"时期随州汽车产业结构的现存不足

1、产品结构：同质与低质现象较为普遍

2、技术结构：研发和制造水平相对滞后

3、市场结构：细分和营销手段较为匮乏

4、组织结构：制度和竞争能力有待加强

5、区位结构：协作和产业链条仍需完善

（一）国内外环境

1、金融危机后专用汽车产业处于重要的国际战略机遇期

2、国内经济保持稳定增长为汽车产业发展奠定坚实基础

3、产业政策取向将影响结构调整方向和行业竞争格局

4、政策环境为随州专用汽车产业跨越式发展提供保障

（二）省内环境

1、汽车产业分工明确，但协作联动有待加强

（二）省内环境

2、专用汽车品类齐全，各地特色仍有待突出

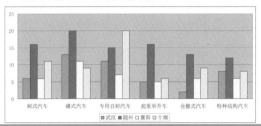

(1) 随州是中国最大的罐式车生产基地，在国内市场占有率达40%以上，比照优势明显；

(2) 十堰的自卸车厂家众多，优势最为显著；

(3) 仓栅式汽车细分种类全覆盖，四地发展较为均衡，各地优势不明显；

(4) 特种结构汽车生产种类偏少，发展空间较大；

(5) 起重举升车由于技术等方面的原因，普遍偏弱。

（二）省内环境

3、零部件配套能力强，但上装部分亟待提升

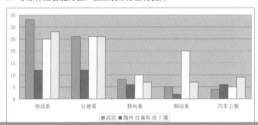

(1) 四地传动系与行驶系等配件生产厂家均相对较多；

(2) 十堰的汽车零部件主要集中在传动系和行驶系，转向系和制动系零部件生产公司偏少；

(3) 武汉则有60家企业为神龙汽车有限公司配套，产品达800余种，但主要应用于乘用车；

(4) 随州汽车零部件生产主要集中在车桥等铸造件方面，在传动系和行驶系零部件还具备部分产能；

(5) 专用汽车上装零部件领域，四地发展均较薄弱。

（三）机遇面前的随州优势

1、汽车文化积淀厚重，产业氛围良好

2、专用汽车资源聚集，产业配套齐全

3、区位交通市场人才，产业环境优越

4、新兴城市亟待发展，产业成本浓缩

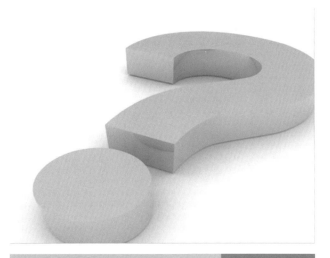

三、"十二五"时期随州专用汽车产业发展的思路与启示 武汉理工大学
Wuhan University of Technology

思考1：制造业的微笑曲线

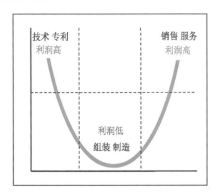

三、"十二五"时期随州专用汽车产业发展的思路与启示 武汉理工大学
Wuhan University of Technology

思考1：从微笑曲线到价值链

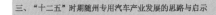

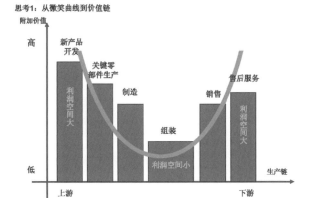

思考1：随州专用汽车产业链现状

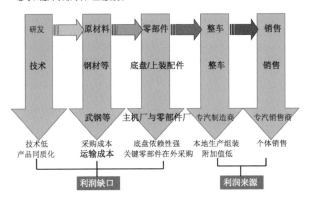

思考1：如何微笑起来？

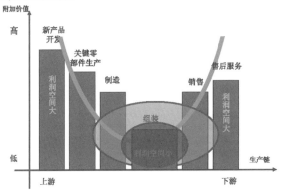

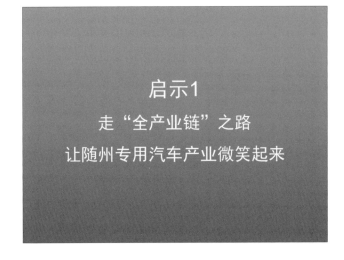

启示1

走"全产业链"之路

让随州专用汽车产业微笑起来

思考2：从红海到蓝海

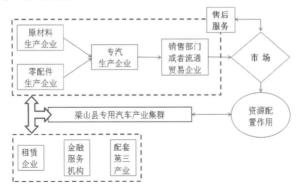

思考2：从红海到蓝海

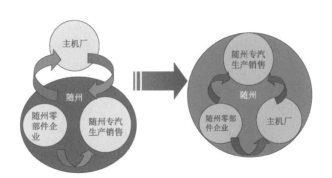

思考2：从红海到蓝海

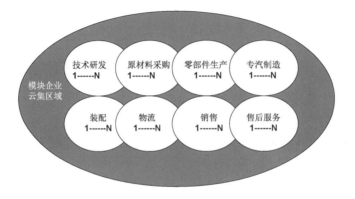

思考2：从红海到蓝海

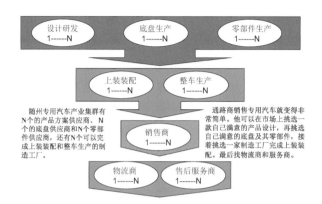

随州专用汽车产业集群有N个的产品方案供应商、N个的底盘供应商和N个零部件供应商，还有N个可以完成上装装配和整车生产的制造工厂。

通路商销售专用汽车就变得非常简单。他可以在市场上挑选一款自己满意的产品设计，再挑选自己满意的底盘及其零部件，接着挑选一家制造工厂完成上装装配。最后找物流商和服务商。

红海战略	蓝海战略
靠大量生产，降价竞争来生存	则追求差异化，创造出"无人竞争"的市场
利用现有需求	开创和掌握新的需求
过度依赖技术创新或科技研发	强调价值的重新塑造和包装，化腐朽为神奇
在现有市场空间中竞争	不与竞争者竞争
致力于解决竞争	把竞争变得毫无意义
只能满足客户现在的需求	则不断探索客户潜在的需求

"红海战略"和"蓝海战略"六个区别

启示2
走"产业集群"之路
开创中国专用汽车产业的"蓝海"

三一重工

　　三一重工是全球工程机械制造商50强、全球最大的混凝土机械制造商、中国企业500强、工程机械行业综合效益和竞争力最强企业、福布斯"中国顶尖企业",中国最具成长力自主品牌、中国最具竞争力品牌、中国工程机械行业标志性品牌、亚洲品牌500强。

　　三一重工秉承"品质改变世界"经营理念,将销售收入的5%-7%用于研发。拥有国家级技术开发中心和博士后流动工作站,拥有授权有效专利536项和近百项核心技术。荣获国家科技进步二等奖,被认定为中国驰名商标、全国"免检产品"、中国名牌产品、中国工程机械行业标志性品牌。

	阶段1（1994-2000）	阶段2（2000-2008）
战略创新	进入工程机械行业,选择品质好,拥有核心技术、价格适中的利基市场。	将"研发和服务"作为三一重工的两大核心竞争能力
观念创新	不怕技术壁垒,敢于打破引进、消化、吸收的"路径依赖症"	重视服务战略,颠覆了工程机械行业的"行规";服务模式向"管家式"转变,向主动式服务转变,满足客户整体要求
技术创新	抛开模仿国外产品设计的常规路径,从零开始做通用的机械原理做研发	深耕智能控制、材料技术、液压控制核心技术,集成现有全部先进背景技术,形成自主知识产权的技术;以最少的投入,最高的质量满足客户的全方位需求。在泵送方面,新一代动态节能模式拥有"全功率自动适应节能技术、高效节能液压技术、冷却系统节能技术"三大核心节能技术,使泵送产品平均节油20%
制度创新	企业技术创新组织结构和管理机制涉及不多	通过不断完善企业技术创新组织结构和管理机制,逐步形成"以机制促进创新、以投入保障创新、以合作带动创新、以专利保护创新、以创新推动进步"和"研发一代、储备一代、生产一代"的局面。
服务创新	（基本上无）	以信息化等各种手段实现服务方式的创新

 中联重科

　　长沙中联重工科技股份有限公司创建于1992年,是一家高科技上市公司,是中国工程机械装备制造的领军企业,全国首批创新型企业之一,注册资本19.71亿元,在不到20年的时间里以平均60%以上的增长速度滚动式超常发展,成为总资产278亿元、员工21000多名的全球化企业,主要从事建筑工程、能源工程、交通工程等国家重点基础设施建设工程所需重大高新技术装备的研发制造,其混凝土机械产销量居全球市场第1,中大型塔式起重机市场占有率居全国第1,环卫机械市场占有率居全国第1,工程起重机市场占有率全国第2位,而且,是全球产业链最为齐全的工程机械企业。

"裂变——聚变"的发展思路

裂变:
1通过以专业化分工为基础的裂变,形成多个专业化的事业部;
2通过对产业链的"上下延伸",增强对产业链的控制力,形成一个完整的工程机械产业链上的利益共同体;
3通过并购,整合国内甚至国际资源,以完善企业产业链条,实现均衡发展,提升企业的整体经营理。
聚变:
国内事业部与国外同专业企业聚合,形成跨国事业部,以达到"借船出海,里应外合"的战略目标。

	策略
制度创新	①研究院的体制阻碍科技成果转化——科技产业化 ②新生的中联面临旧体制的同化——流程再造 ③三国内市场日趋高涨——与国际全方位接轨，并购海内外优势企业 ④企业规模成倍增长——导入信任管理理念
设计创新	在经费上给予技术系统极大支持，将企业技术中心建设与运行费用列入企业年度核算。中联重科在创业之初的上世纪90年代，企业规模小，科研投入达到30%以上；在现有规模下，研发投入仍达销售收入的5%以上，近三年来科研投入达10多亿元。
技术创新	①科研经费供给机制 ②技术创新评价机制 ③建立国家级技术中心和企业国家重点实验室 ④完善了技术系统分配机制 ⑤发展新能源、绿色节能专用车 ⑥并购国际优势企业，促进先进技术的发展应用
服务创新	提供成套服务（设备的成套+服务的成套）在客户购买设备的同时，也向他们输出一些劳务人员。
品牌创新	走国际化路线，并购国际一线品牌CIFA，实现双品牌经营，把握优势资源的同时，可以满足不同层次的客户需求

三、"十二五"时期随州专用汽车产业发展的思路与启示　　武汉理工大学 Wuhan University of Technology

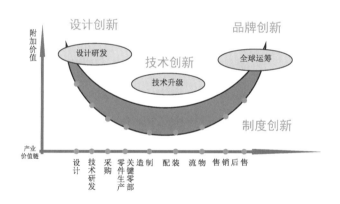

三、"十二五"时期随州专用汽车产业发展的思路与启示　　武汉理工大学 Wuhan University of Technology

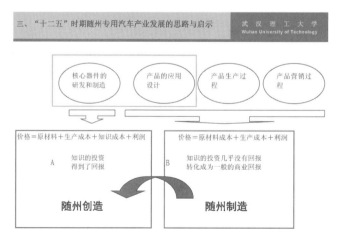

196

启示3

走"自主创新"之路
从"随州制造"到"随州创造"

四、"十二五"时期随州专用汽车产业发展规划　　武汉理工大学
Wuhan University of Technology

（一）指导思想

　　深入贯彻落实科学发展观，以全面繁荣"中国专用汽车之都"为目标，高举"工业兴市"大旗，以加快转变经济发展方式为主线，以产业结构战略性调整为主攻方向，以自主技术创新、自主设计创新、自主制度创新为重要支撑，走市场全球化、区域一体化、产业生态化、企业立体化、产品差异化"五化并举"之路，建立以专用汽车为龙头、以汽车零部件和汽车服务业为支撑的全产业链，健全"5432"产业服务体系，全面促进随州专用汽车产业可持续、跨越式发展，实现从"随州制造"到"随州创造"的历史性转变。

四、"十二五"时期随州专用汽车产业发展规划　　武汉理工大学
Wuhan University of Technology

（二）基本原则

基本原则	（1）坚持规模发展与优化结构相结合	既要扩大传统优势、壮大产业规模，又要加快发展新项目，推进结构调整和资源整合。充分发挥重点企业的龙头作用，加快中小企业发展速度，推进重点企业和重点产品质的提升和量的扩张，零部件企业向重点专用汽车企业配套聚集、向成套企业配套聚集，实现产业结构优化升级。
	（2）坚持自主创新与开放合作相结合	加强自主技术创新，强化核心关键技术研发，积极有序地发展新技术、新材料、新能源，加快产品结构调整和产品升级换代；推进自主设计创新和自主品牌创新；充分利用全球资源，多层次、多渠道地推进产学研合作；推动招商选资增添新生力量，鼓励外资不断扩大投入。
	（3）坚持工业制造与信息技术相结合。	以信息化带动工业化，加强专用汽车的数字化设计和数字化制造，实现智能化生产和柔性化制造；以工业化促进信息化，积极开拓专用汽车设计、研发、制造、管理、销售全过程与信息化的融合渠道，尤其加快专用汽车公共信息服务平台和电子商务平台建设，实现随州专用汽车产业的信息共享、互联互通。
	（4）坚持专精特新与低碳环保相结合	导入工业设计，强化市场研究和应用研究，丰富专用汽车产品种类，延长专用汽车产品线，不断推出"专精特新"车型；加快培育和发展新能源专用汽车和低碳专用汽车产业，推动传统专用汽车的节能减排，不断降低平均油耗和碳排放量，缩小与国际先进水平的差距。
	（5）坚持发展生产与拓展服务相结合	既要增强专用汽车及零部件企业的制造实力，又要拓展汽车金融业务和产品售后服务，以服务促进生产，以销售引导制造，实现汽车制造业和汽车服务业协调发展，整合专用汽车产业发展各种要素资源，完善延伸专用汽车产业链。

197

（三）主要目标

总量目标

到"十二五"末，总量扩张的同时实现结构调整，力争全市汽车产能达28万辆，产量21万辆，比"十一五"末增长2倍以上，年均增长25%左右；整车年出口突破1万辆、创汇3亿美元，零部件产品实现创汇2亿美元，达到15万辆份的配套能力。汽车工业总产值突破500亿元，出口额5亿美元，实现利税52亿元；其中专用汽车总产值260亿元、底盘实现产值50亿元、零配件产值200亿元，年均增长28%。预计"十三五"期间，汽车工业将以年均15%的速度增长，2020年底汽车工业总产值将突破1000亿大关，实现全市汽车产能达60万辆、产量40万辆的发展目标。（见附表1）。

（三）主要目标

区域产业发展目标

构建"5432"专用汽车产业服务体系。"5"即搭建五个平台："湖北省专用汽车设计服务平台"、"湖北省专用汽车信息服务平台"（随州汽车产业信息中心）、"湖北省专用汽车营销服务平台"、"湖北省专用汽车金融服务平台"、"湖北省专用汽车人才服务平台"；"4"即建设四个中心："湖北省（随州）专用汽车技术中心"、"湖北省专用汽车质量检测中心"、"中国（随州）专用汽车博览中心"、"湖北省专用汽车物流中心"；"3"即申报三个基地："国家科技兴贸创新基地"、"汽车及零部件出口基地"和"国家高新技术产业示范基地"；"2"即举办两项活动："中国（随州）国际专用车博览会"和"中国（随州）专用汽车发展论坛"。

（三）主要目标

企业发展目标

确保实现"21331"工程目标，即到"十二五"末，形成工业产值100亿元以上的企业2家、50亿元的企业1家、30亿元以上的企业3家、20亿元的企业3家、10亿元以上的企业10家，以及一批主业突出、核心竞争力强、在国内市场有较大影响的整车和零部件企业集团。整体实现"中国专用汽车之都"在我国专用汽车行业的绝对领导地位和风向标作用，力争在国内专用汽车市场占有率达到7%。建立2个国家级技术中心或工程研究中心，6个省级技术中心或工程研究中心。力争引入1家国际先进水平的汽车制造商在随州投资建厂，实现2家汽车及零部件企业成功上市。

（三）主要目标

产品发展目标

　　优先发展"专精特新轻"车型，突破性发展专用汽车底盘，加快发展关键汽车零部件，大力推进新能源专用汽车和低碳专用汽车。到"十二五"期末，专用汽车品类达到2000种，车辆产品吨位构成比重、中、轻比例接近5：2：3的合理水平；专用汽车底盘实现重大发展，上装关键零部件如液压传动系统、机电气液一体化控制系统、控制系统应用等方面达到国内领先水平，零部件产品锻造能力达到亚洲第一，本地配套能力达到40%以上；新能源汽车实现重大突破，形成1万辆的生产能力。

（四）发展战略

市场全球化战略

区域一体化战略　　产业生态化战略

中国专用汽车之都

企业立体化战略

产品差异化战略

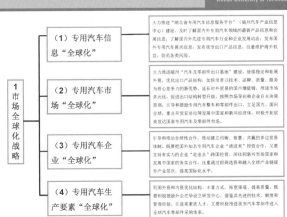

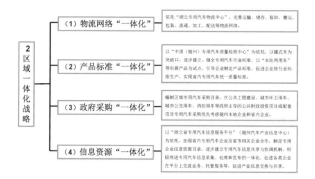

2 区域一体化战略

- **(1) 物流网络"一体化"** — 依托"湖北专用汽车物流中心",完善运输、储存、装卸、搬运、包装、流通、加工、配送等物流网络。

- **(2) 产品标准"一体化"** — 以"中国(随州)专用汽车质量检测中心"为依托,以罐式汽车为突破口,逐步建立、健全专用汽车行业标准,以"水处理用车"等创新产品为试点,引导企业制定产品标准,推动企业按行业标准生产,实现省内专用汽车统一质量标准。

- **(3) 政府采购"一体化"** — 编制区域专用汽车采购目录,在公共工程建设、城市环卫用车、城市公交用车、消防用车等政府主导的公共财政投资项目或配套项目专用汽车采购优先考虑随州本地企业和省内企业。

- **(4) 信息资源"一体化"** — 以"湖北省专用汽车信息服务平台"(随州汽车产业信息中心)为依托,加强省内专用汽车企业及省市相关社会合作,制定专用企业信息资源目录,逐步建立专用汽车信息共享与协调机制,积极推进专用汽车信息采集、处理和发布的一体化,促进各类企业在平台上交流业务、托管服务等,促进产业信息交换与共享。

3、产业生态化战略

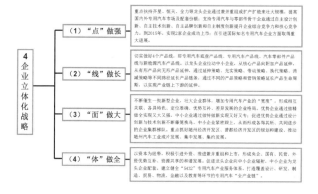

产业结构"生态化"

产业链条"生态化"

产业集群"生态化"

产业园区"生态化"

以资源的高效利用和循环利用为核心,以"减量化、再利用、资源化"为原则,以低消耗、低排放、高效率为基本特征,优化产业结构,发展新能源专用汽车,开发低能耗专用汽车,大力推进清洁生产,引导随州专用汽车产业的经济增长模式从"大量生产、大量消费、大量废弃"转向"最佳生产、最适消费、最少废弃"。

生态化过程由产中两前、产后延伸,不仅强调生产过程即零部件、模块化总成件、底盘制造与采购、专用汽车改装等"制造中"环节的生态化,而且强调开发、设计、技术开发、质量检测等"制造前"环节的生态化和专用销售、保养维修、物流配送、废物回收等"制造后"环节的生态化,从而实现全程生态化。在"制造中"推进源头减量、循环利用、再制造、零排放和产业链接技术,向前延伸到绿色原料、能源及工业无机环境的构建,向后延伸到绿色营销和绿色消费,努力形成专用汽车产业上、中、下游多赢的"绿色产业链",使随州专用汽车行业利润的获取从"制造中"的低附加值向"制造前"和"制造后"的高利润获取的高端延伸,形成上游两端利润趋高的微笑形曲线。

以专用汽车产业带动零部件产业发展,从而带动机械、模具、五金、橡胶等相关产业发展,在产业间,企业间形成循环经济,产业共生网络,通过选择对环境影响更低的材料、降低材料用量,优化生产技术和工艺过程,优化运输和销售系统,降低使用过程中的环境影响,优化产品生命终点系统等路径,实现废弃物的减量化,废弃物的资源化,推动企业与企业之间的"副产品交换"达到产业集群的内部经济和外部生态性。

遵循生态系统规律,共生企业群聚集形成生态工业园区,提高园区内部资源、能源的利用效率,对废旧金属、工业固体废弃物进行回收利用,对生产和生活污水进行无害化处理,部分作为园区绿化及景观用水,变废物为资源,增强环境保护力度,落实绿植目标责任制,向园区外部排放废弃物最小化,达到园区经济和环境的协同优化、建立污染者付费制,以优质环境吸纳优质资本。

---

4 企业立体化战略

- **(1) "点"做强** — 重点扶持齐星、恒天、全力等龙头企业通过兼并重组或扩产扩能来壮大规模,提高国内外专用汽车市场占备份额;支持专用汽车与零部件骨干企业通过自主设计创新、自主技术创新、自主品牌创新和自主制度创新提升企业综合竞争力和核心竞争力,到2015年,实现2家企业成功上市。在引进国际知名专用汽车企业方面取得重大进展。

- **(2) "线"做长** — 切实做好4个产品线,即专用汽车底盘产品线、专用汽车产品线、汽车零部件产品线与新能源汽车产品线,以龙头企业拉动中小企业,从有形产品向无形产品延伸,通过延伸策略、完成策略、带动策略、换代策略、消减策略等不同路径延长产品价值链条,通过不同的产品策略和营销策略延长产品生命周期,以实现产业链上下游的延伸。

- **(3) "面"做大** — 不断催生一批新型企业,壮大企业群体,增加专用汽车产业的"宽度",形成相互关联、各具特色、定位准确、优势互补、差异发展的企业格局。优势企业通过精做细做以实现大又强,中小企业通过做特做精来实现又好又专;促进优势企业通过设计创新与技术创新不断藤笼蔓马,中小企业紧密围绕上、从而经济开发与各具所长、共同进步的企业群梯队。重点抓好随州经济开发区,都都经济开发区的规划和建设,推动随州汽车工业成片发展、集约发展。

- **(4) "体"做全** — 以资本为纽带,积极引进外资,推进兼并重组和上市,形成央企、国有、民营、外资优势互补、资源共享的和谐发展,促进龙头企业向中小企业辐射,中小企业为龙头企业配套,建立健全"5432"专用汽车产业服务体系,打造涵盖设计、研发、制造、贸易、物流、金融以及教育等环节的专用汽车"全产业链"。

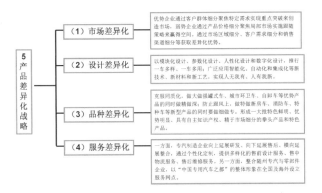

5 产品差异化战略	**（1）市场差异化**	优势企业通过客户群体细分聚焦特定需求实现重点突破来创造市场，弱势企业通过产品价格细分聚焦局部市场实施跟随策略来赢得空间，通过市场区域细分、客户需求细分和销售渠道细分等获取差异化优势。
	（2）设计差异化	以模块化设计、参数化设计、人性化设计和数字化设计，推行一车多样、一车多用；广泛应用智能化、自动化和集成化等新技术、新材料和新工艺，实现人无我有、人有我新。
	（3）品种差异化	克服同质化，做大做强罐式车、城市环卫车、自卸车等优势产品的同时做精做深；防止跟风上，做特做新厢车、消防车、特种车等新型产品的同时要做细做专，形成一大批特色鲜明、优势明显、具有自主知识产权、精于市场细分的拳头产品和特色产品。
	（4）服务差异化	一方面，专汽制造企业向上延展研发、向下延展售后，横向延展整合，通过个性化定制，提供多样化的售前设计服务、售中物流服务、售后维修服务。另一方面，整合随州专汽与零部件企业，以"中国专用汽车之都"的整体形象在全国及海外设立服务网点。

（五）产业发展重点

1、专用汽车重点发展

（1）继续巩固和扩大罐式车、自卸车、半挂车等传统专用汽车的制造优势和产业规模，加强新材料、新工艺的运用，走轻量化节能之路，重点开发应用PVC、铝合金等新材料的轻型罐式车和软体车厢物流车等。

（2）以专用车底盘为突破口，重点支持以恒天集团为龙头的重型汽车底盘、以程力专汽为代表的轻型汽车底盘、金力车辆为代表的低速农用车底盘、以东风随专汽为代表的特种车底盘等企业，发展针对特殊改装要求的、高性能、高可靠性、系列化的专用汽车底盘，并实现自主研发自主配套。

（3）大力发展服务民生和城市配套的各种专用汽车。主要包括：市政类（清障车、高空作业车等）；环卫类（垃圾车、清扫车、管道疏通车等）；城建工程服务类（散装水泥运输车、混凝土搅拌车、消防车、起重车、道路检测车、桥梁检测车等）；文化生活类（电视转播车、照明车、电源车等）；医疗类（救护车、献血车、医疗垃圾车等）；集成服务车辆。

1、专用汽车重点发展

（4）大力发展服务城镇化建设的专用汽车。主要包括：适合各项基础设施建设需求的起重举升类作业车；适合高等级公路运输的重型半挂牵引车和专用半挂车；高等级公路维护、机场维护、高铁维护等专用汽车；用于高铁、城铁、地铁、轻轨等轨道交通建设领域的专用汽车。

（5）积极开发服务新农村建设的农、林、牧、渔业用的专用汽车。主要包括：沼液沼渣抽排车、活鱼运输车、畜禽运输车、养蜂车、粮食散装运输车、饲料运输车、自装卸木材运输车、冷藏保温车和食用液罐车等。

（6）积极开发应对重大自然灾害的抢险救灾类专用汽车，包括除冰除雪车、抢险救援车、通信应急保障车、医疗救护车、防疫消毒车等。

（7）积极开发针对细分行业、适用特定场合、满足特殊需求的专用汽车，例如针对化工行业的剧毒化工品运输车、针对油田使用的油田工程车和油田仪器车、为内陆运送海鲜的海鲜冷藏车等。

2 零部件重点发展

（1）针对整车平台发展通用零部件

　　重点支持齐星车身、东风车轮、全力机械、华龙车灯、三环铸造、亿丰型钢、神马齿轮等企业加大科技投入，扩大生产能力和市场开发力度，对部分关键配套产品先采购后研发，形成底盘自主研发自主配套，延伸产业链条，建立健全市场营销网络，积极拓展海外市场。

　　全力支持燃油供给系统、车身内饰系统、电器照明系统、电子控制系统和信息系统的关键零部件开发生产，促进高水平汽车模具和精密铸锻件、精冲件的工艺改造，进一步壮大具备模块分装能力的配套企业规模，重点发展车轿、座椅、汽车工具、汽车转件、变速箱、液压件、油箱、底盘、工程覆盖件等。

（2）通过专用汽车平台发展上装零部件

　　优先发展用于专用汽车上装的关键零部件和主要配套元件，重点引进机电一体化水平高、技术含量高的液压传动系统零部件，如液压传动系统中的负荷传感变量泵、中位闭式液压控制阀、多路阀、转向优先阀、负荷传感转向器、变量柱塞泵、变量马达、低转速大扭距发动机、新配套变矩器和变速箱、小型静液压传动系统等。

　　积极发展机应用机电液一体化技术、电子信息技术、传感技术、自动控制技术、和智能化技术等高新技术的专用装置，以大幅度提高专用汽车产品的工作质量和精度，并能有效约束能量、提高效率、改善机械的操纵性能以及提高安全性和可靠性，为随州专用汽车向自动化、智能化的上装高端产品方向发展提供核心动力。

3、新能源专用车与低碳节能零部件

　　（1）坚持低碳、环保、节能的总体方针，建立专用汽车生态化产业园区。把大幅降低能源消耗强度和二氧化碳排放强度作为约束性指标，有效控制温室气体排放，提高能源效率，减少环境污染。

　　（2）加大新能源专用车研发和产业化力度。以城市环卫车和特种工程车为切入点，积极开展新能源专用车研发和示范性工程，进一步解决降低成本、提高燃油经济性、可靠性、电池一致性等关键问题，形成整车与关键部件一体化开发格局。

　　（3）加大对新能源专用车及低碳节能零部件企业的引进力度。以纯电动专用车、混合动力专用车、燃料电池专用车为纵轴；以电机、控制系统、动力蓄电池为横轴，为建构"三纵三横"的新能源专用车网络化布局做出积极准备。

　　（4）实施重点节能工程，推广先进节能技术与低碳汽车零部件，加快推行合同能源管理，调整能源消费结构，增加非化石能源比重。

4、汽车服务业发展重点

　　支持随州专用汽车和零部件企业发挥优势积极向服务领域延伸，实现从卖产品向卖服务的转变；推动专用汽车生产服务业、专用汽车售后服务业的集聚发展，以专用汽车维修、租赁、保险等为试点，构筑起高附加值、强辐射、广就业的汽车服务产业体系；大力提高专用汽车文化等服务能力和水平，以专汽博览促进企业、产业与公众融合；加快完善以电子商务为重点的专用汽车贸易服务管理体系，实现汽车制造服务化、汽车销售多元化、售后服务便捷化。

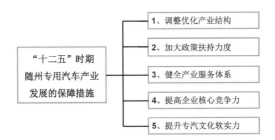

"十二五"时期随州专用汽车产业发展的保障措施

- 1、调整优化产业结构
- 2、加大政策扶持力度
- 3、健全产业服务体系
- 4、提高企业核心竞争力
- 5、提升专汽文化软实力

1 调整优化产业结构

（1）做大做强龙头企业。重点抓好2个100亿元、1个50亿元、3个30亿元、2个20亿元企业的重点项目建设和其他大型企业的引进。由"点"到"线"，以龙头企业带动中小企业发展。以专汽整车企业带动零部件企业发展。

（2）做精做专中小企业。以转变发展方式、优化产业结构为重点，着力完善企业发展的外部环境，引导中小企业提高自主创新能力，全面提高中小企业的整体素质和市场竞争力。由"线"到"面"，兼顾发展与规范、管理与放开，有张有弛，重点培优。

（3）推进引资联合重组。完善政府的宏观调控方式和手段，由"面"到"体"，加快专用汽车产业组织结构调整和产品结构调整。积极推进优势企业联合兼并，引导形成优势互补、集中发展的格局；积极推进零部件资源整合，扩大规模、提高产能、丰富产品，不断增强企业实力、扩大市场份额；积极引进主机厂和外资，坚持引"资"和引"智"并重，注重引进国内外先进的理念、人才、管理和制度，不断深化企业改革，促进企业在改革中创新，在创新中壮大。

2 加大扶持政策力度

（1）争取政策扶持，用活政策。强化湖北汽车长廊中随州"中国专用汽车之都"的地位，将湖北新引进和新扩规的专用汽车企业集中到随州发展。

（2）落实共建协议，深化政策。依托中国机械工业联合会的行业领导优势，借助湖北省人民政府的力量，为随州专汽产业发展提供产品研发、市场营销、品牌宣传等支持，落实深化协议内容，充分发挥资源优势，不断创新工作思路。

（3）加大补贴力度，用好政策。在落实随政发〔2007〕24号文件优惠政策的基础上，对重大关键项目给予特殊政策支持；对项目用地给予补贴或优惠；对固定资产投资给予资助或贷款贴息；对项目生产新增所得税地方留存部分给予奖励；对进口的关键设备国内物流运输费给予适当补贴；加大对节能与新能源汽车示范推广购车、营运和建设设计建设补贴力度；加大对汽车模具、汽车铸锻件基础产品和基础工艺的补贴力度。

（4）发挥杠杆作用，整合政策。建立湖北专用汽车产业发展基金，扶持重点产业集群、争创区域品牌、提供关键和重大技术支持、创业辅导、服务体系建设和工业园区建设等。整合现有各项支持专汽产业发展的专项资金，充分发挥其引导和杠杆作用，引导专汽及零部件产业向民生和社会事业、农业农村、科技创新、生态环保、资源节约等领域发展，促进随州专汽产业结构优化升级。

（5）推进自主创新，落实政策。对参与制定和修订国家标准、行业标准的企业予以奖励；对企业获得国家发明专利、实用新型专利和外观专利予以奖励；对国家及省级技术创新项目、重大科技专项项目、重大研究与开发计划项目、应对技术性贸易壁垒攻关项目等予以配套；对省级以上研发中心和工程技术中心予以奖励；对引进的高层次技术与管理人才给予经济、生活或政治上的优惠待遇。

3、健全产业服务体系

3、健全产业服务体系

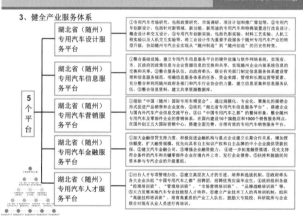

3、健全产业服务体系

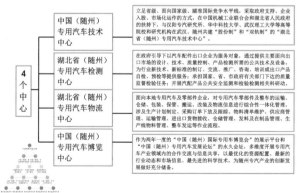

3、健全产业服务体系

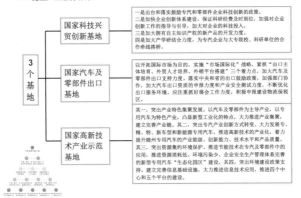

一是出台和落实鼓励专汽和零部件企业科技创新的政策。
二是加快企业创新体系建设，保证科研经费及时到位，加强对企业创新工作的指导与引导，加大对企业的科技投入。
三是加大具有自主知识产权的新产品的开发力度。
四是加大产学研结合力度，为专汽企业与大专院校、科研单位的合作牵线搭桥。

以开拓国际市场为目的，实施"市场国际化"战略，紧抓"出口主体培育、外贸人才培养、外销平台搭建"三个着力点，加大汽车及零部件出口支持力度。落实中央和省的出口鼓励政策，加强部门协作，加大汽车出口资质的申报力度和产业安全测试力度，不断优化出口环境。应注重抓好招商会工作力度，积极申报建设物流保税区。

其一，突出产业特色集聚发展。以汽车及零部件为主导产业，以专用汽车为特色产业，凸显新型工业化的特点，大力推进产业集聚，建立完善产业链。其二，突出汽车产业创新方式转变。大力发展专、精、特、新型和新能源专用汽车，推进高新技术的产业化，着力提升随州专用汽车的产业链能、创新能力、技术水平和产品质量。其三，突出资源低耗能、环境保护。推进节能技术在专汽及零部件中的应用，推进资源消耗低、环境污染少、企业安全生产管理体系完善的新型专用汽车"生态化园区"建设。其四，突出环境建设政策支持，建立完善信息基础设施，大力推进信息技术应用，推进四个中心和五个平台的建设。

3、健全产业服务体系

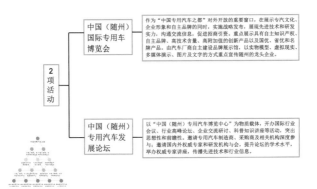

作为"中国专用汽车之都"对外开放的重要窗口，在展示专汽文化、企业形象和自主品牌的同时，实施战略发布，展现先进技术和研发实力，沟通交流信息，促进招商引资。重点展示具有自主知识产权、自主品牌、高技术含量、高附加值的创新产品以及国优、省优名牌产品，由汽车厂商自主建设品牌展示馆，以实物模型、虚拟现实、多媒体演示、图片及文字的方式重点宣传随州的龙头企业。

以"中国（随州）专用汽车博览中心"为物质载体，开办国际行业会议、行业高峰论坛、企业交流研讨、科普知识讲座等等活动，突出思想性和前瞻性。邀请汽车制造商、采购商及相关机构深度参与；邀请国内外权威专家和研发机构与会，提升论坛的学术水平，举办权威专家讲座，传播先进技术和行业信息。

3、健全产业服务体系

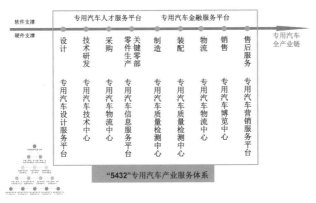

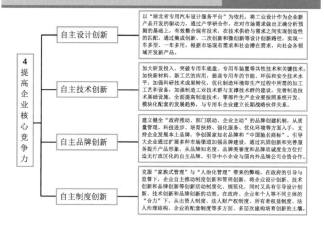

以"湖北省专用汽车设计服务平台"为依托，将工业设计作为企业新产品开发的驱动力，通过产学研合作，在对市场需求做出正确分析预测的基础上，有效整合现有技术，在技术供给与需求之间实现创造性的匹配，通过集成创新、二次创新和微创新等设计创新路径，实现一车多型、一车多用，根据市场现有需求和社会潜在需求，向社会各领域开发新产品。

加大研发投入，突破专用车底盘、专用车装置等共性技术和关键技术；加快新材料、新工艺的应用，提高专用车的节能、环保和安全技术水平；加强科研成果转化，优化制造环境即生产过程中所需的加工工艺和设备，加强制造工业技术群支撑技术群的建设，完善制造技术基础设施，全面提高制造技术；零部件生产企业要按照系统开发、模块化配套的发展趋势，与专用车企业建立长期战略伙伴关系。

建立健全"政府推动、部门联动、企业主动"的品牌创建机制，从质量管理、科技进步、培育扶持、强化服务、优化环境等方面入手，支持企业发展本土品牌，争创国家知名品牌和"中国驰名商标"。引导大企业通过扩展多种市场渠道加强品牌建设，通过巩固创新和完善服务提升产品形象，从品牌知名度、品牌美誉度和品牌忠诚度全方位打造无行政区化的自主品牌。引导中小企业与国内外品牌公司合资合作。

克服"家族式管理"与"人治化管理"带来的弊端，在政府的引导与监督下，企业自主推动制度创新和管理创新，将企业设计创新、技术创新和品牌创新等创新活动制度化、规范化。同时又具有引导设计创新、技术创新和品牌创新的功效。在政府、企业和个人等不同主体的"合力"下，从出资人制度、法人财产权制度、所有者权益制度、法人治理结构、企业的配套制度等多方面、多层次建构培育创新的土壤。

5、提升专汽文化软实力

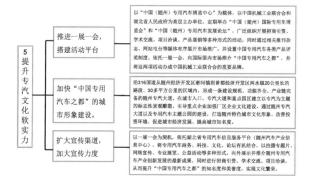

以"中国（随州）专用汽车博览中心"为载体，以中国机械工业联合会和湖北省人民政府为高层主办单位，定期举办"中国（随州）国际专用车博览会"和"中国（随州）专用汽车发展论坛"，广泛组织开展招商引资、学术交流、项目洽谈、产品展销等多种形式的活动，同时通过有关报刊杂志、网络电台等媒体有序展开市场推广，并设置中国专用汽车各类产品评奖制度。依托一展一会，向国际国内市场推介"中国专用汽车之都"，并将这两项活动动成为中国机械工业联合会的重要品牌。

沿316国道从随州经济开发区淅河镇到曾都经济开发区两水镇20公里的路段、30多平方公里的区域内，形成一条建设规范、功能齐全、产业链完备的随州专用汽车大道，在道市入口、专汽大道和重点园区建立以专汽为主题的标志性景观雕塑，引导重点企业加强"人"区企业文化建设，通过随州专汽大道及专用汽车主题公园的建设，打造随州特色城市文化形象、改善投资环境、促进城市经济发展、提高城市知名度。

以一展一会为契机，依托湖北省专用汽车信息服务平台（随州汽车产业信息中心），将专用汽车商务、科技、文化、论坛有机结合，以图片、影像为题片、网络宣传、专业展览、公益活动等多种形式，对外展示并推介随州专用汽车产业创新发展的最新成果，同时进行招商引资、学术交流、项目洽谈，从而提升"中国专用汽车之都"的知名度和美誉度，实现文化繁荣。

后 记

2010 年 8 月，武汉理工大学承接了随州市政府关于编制"随州市专用汽车产业'十二五'发展规划"的重要课题，艺术与设计学院汇集相关领域专家教授成立专项课题组，历时近 1 年时间完成课题相关研究。研究中，课题组查阅大量国内外专用汽车文献资料，实地调研走访随州 35 家相关企业，对武汉理工大学汽车学院、汉阳汽车研究所、湖北省经信委等相关领域的多位专家学者进行专题采访，征询随州市相关部门领导和汽车行业企业家的意见与建议，历经多次中期汇报与专家评审以及 10 余次规划报告的修订，最终于 2011 年初顺利完成课题。迄今，书稿完成已逾 9 年。在此期间，工业设计的内涵与外延在实践中不断深化和发展，人们对工业设计的理解也更加深入、全面。反观 9 年前的"随州专汽产业发展规划研究"，竟与工业设计发展大势不谋而合，为工业设计更好地服务于经济发展提供了新的思路，颇有高屋建瓴之妙。

工业设计在未来社会经济发展中必将发挥更加重要的作用，成为经济发展的原动力。这既是国家经济发展的必然趋势，也是工业设计发展的必然要求，更是设计实践研究的当务之急。值此契机，柳冠中先生提出编撰"设计实践研究"系列丛书，以开拓工业设计研究范畴，使工业设计面向企业转型、产业升级，从而更好地服务于经济发展。应柳先生之约，结合国家经济发展新常态，由郑建启先生的弟子黄雪飞承担对原书稿内容的修改和校对任务，最终完成《随州专用汽车产业"十二五"发展规划》一书。此书的出版，旨在抛砖引玉，同时也带着诸多希冀，希望中国的设计实践研究有更多的拓荒者，将中国的工业设计发展推向新的高度。

致　谢

本课题在研究过程中得到了随州市委、市政府、市经信委、市专用汽车发展领导小组及其他各部门的鼓励与支持，得到了随州市汽车行业相关企业的配合与帮助，特别是随州市经信委提供的大量研究资料为本课题研究的顺利进行提供了助力，在此谨向各位致以最诚挚的感谢！

课题组骨干：汤军副教授、江涛副教授、李卓副教授

博士研究生：许晓燕、曹小琴、郑杨硕、王文瑜、廖丹、姚湘、黄雪飞

硕士研究生：王均洁、朱太平、黄颖、邓周、罗莹、李娟、赵琳、宋璟、陈曼、邓小菲、贺鹰、徐兴、赵鹏、胡鸿雁、盛伟、陈默康桥